U0910922

The Ultimate Collection of Business Frameworks

商业框架图鉴

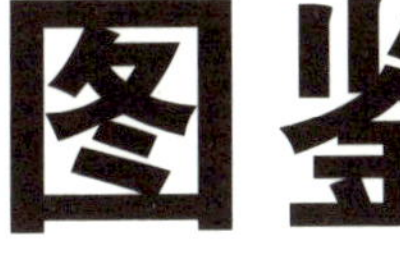

七大类工作场景 × 七十款框架，
改善企划力、执行力，提升管理效率，
精准解决问题

日本 AND 株式会社 著　周若珍 译

南海出版公司
2021 · 海口

目录

前言

解决问题最强的武器——框架

现在有没有想实现的目标？无论是想发展新业务、增加业绩，还是想提升团队的绩效，相信你每天都努力地面对着各种挑战。

本书的目的，就是帮助你提高目标的分辨率，让目标变得更具体，同时吸引能携手实践的伙伴。假如你有想实现的目标或想解决的问题，却不知该从何做起，一直在理想与现实之间踌躇徘徊，那么请绝对不要错过本书。

“烦恼”与“思考”乍看相似，事实上却截然不同。“思考”是试图找出达成目的或目标的策略、方法，而“烦恼”则是指目标不明确、不知该思考什么才好，毫无头绪的状态。倘若处于烦恼状态中，就算有创意也无法有所进展，只能成天抱着郁闷的情绪。

我认为，框架（framework）是一种强力武器，能帮你脱离这种漫无目的的摸索，替你创造迈出第一步的机会。目前市场上已经有一些框架应用的书籍，但本书不但说明框架的整体概念，更针对各种精挑细选的框架进行详细的解说。除了面对个人，框架在组织和团队中的运用也是本书的重点，希望本书有助于你拥有主见、解决问题。

本书使用方法

本书逐一解说用于各种商务场合的框架，将应用场景分类如下，不过各框架的使用方法并非只有一种，请针对自己的状况灵活运用。解说内容里也有应用的技巧。

第 1 章 ………发现问题、课题框架（八款）
第 2 章 ………分析市场框架（十三款）
第 3 章 ………思索课题的解决方法框架（十款）
第 4 章 ………制订策略框架（十四款）
第 5 章 ………改善业务框架（十款）
第 6 章 ………管理组织框架（十一款）
第 7 章 ………传达与共享框架（四款）

独享附录

本书的电子版附录中，还提供了丰富的 PowerPoint 案例模板。除了可以直接在个人电脑或平板上使用，也可以打印出来，和团队成员一边讨论一边手写填入。

请扫描下方的二维码，发送“商业框架图鉴”获取。

本书电子版附录（PPT 模板）包括：
①七十款商业框架案例模板
②新增宣传稿撰写、媒体资料制作两款框架图解
③产品策划书模板（16p）
④媒体资料模板（11p）

扫描二维码，发送“商业框架图鉴”获取 PPT 模板

页面介绍

本书的说明页面有两种形式。一种是在使用框架前必须了解的基本概念说明，另一种是框架的使用方法和填写范例。

基本概念说明页面

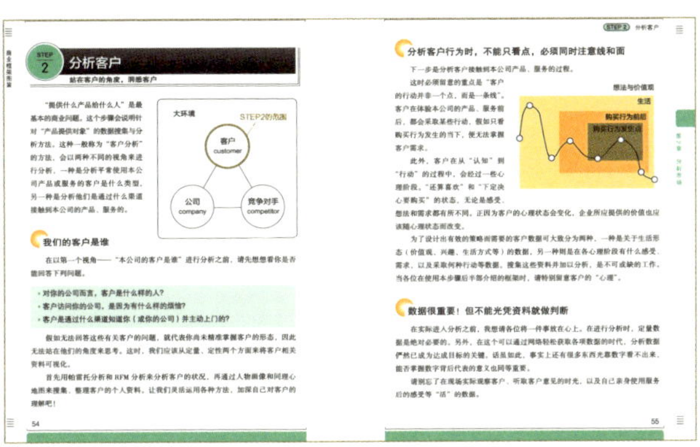

框架解说页面

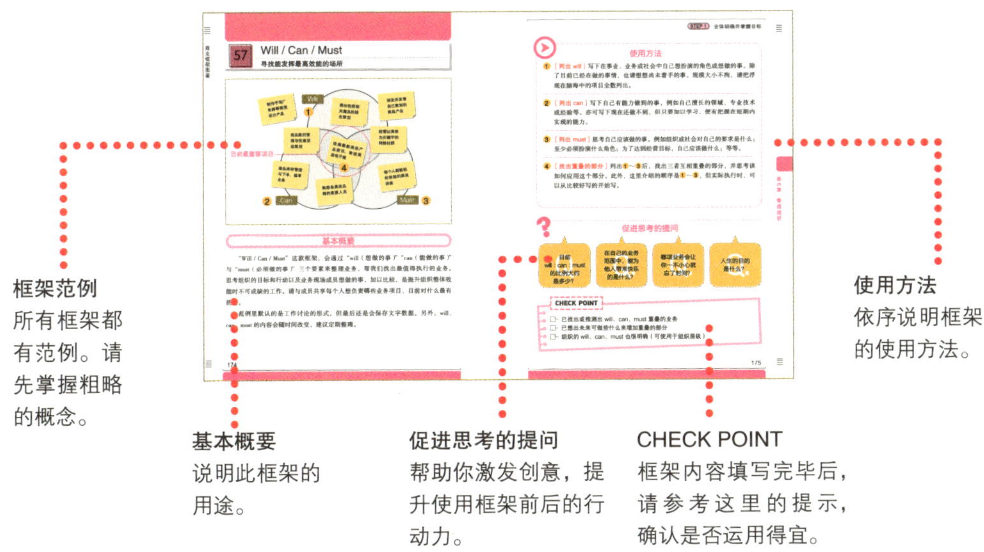

框架范例
所有框架都有范例。请先掌握粗略的概念。

基本概要
说明此框架的用途。

促进思考的提问
帮助你激发创意，提升使用框架前后的行动力。

CHECK POINT
框架内容填写完毕后，请参考这里的提示，确认是否运用得宜。

使用方法
依序说明框架的使用方法。

框架应用场景速查

No	名称	发现问题	分析	激发创意	制订策略	改善业务	管理组织	信息共享
1	As is / To be	●	●		●	●		
2	6W2H	●	●	●	●	●	●	●
3	原因分析	●	●			●	●	
4	可控制 / 不可控制	●	●			●	●	
5	逻辑树状图	●	●	●	●	●	●	●
6	课题设定表单	●				●		●
7	急迫性 / 重要性矩阵	●		●	●	●	●	
8	决策矩阵	●		●	●	●	●	
9	PEST 分析		●					
10	五力分析		●					
11	VRIO 分析		●					
12	SWOT 分析		●					
13	帕雷托分析		●					
14	RFM 分析		●					
15	人物画像		●		●			
16	同理心地图		●		●			
17	客户体验旅程图	●	●		●			
18	4P 分析		●		●			
19	4P + 提供内容与对象分析		●		●			
20	价值链分析	●	●		●	●		
21	核心竞争力分析		●					
22	头脑风暴			●				
23	曼陀罗九宫格	●		●				
24	形态分析法		●	●				
25	脚本图			●				
26	奥斯本核验表			●				
27	创意单			●				●
28	分镜图			●	●			●
29	优缺点表	●		●	●	●	●	
30	SUCCESs			●				●
31	报酬矩阵	●		●	●	●	●	
32	产品组合矩阵		●		●			
33	安索夫矩阵				●			
34	交叉 SWOT		●		●			
35	STP		●		●			

除了介绍该框架的章节所提到的场景，每一款框架都能应用于各种场合中。下表整理了各款框架可发挥功效的主要时机。

No	名称	发现问题	分析	激发创意	制订策略	改善业务	管理组织	信息共享
36	定位图		●		●			
37	商业模式图		●		●			
38	架构图				●			●
39	AIDMA		●		●			
40	甘特图				●	●		●
41	组织结构图				●	●	●	●
42	路线图				●			●
43	KPI 树状图	●	●		●	●	●	●
44	AARRR	●	●		●			
45	SMART				●			
46	KPT	●				●		
47	YWT					●	●	
48	PDCA	●	●		●	●	●	
49	业务盘点表	●				●	●	●
50	业务流程图					●		●
51	PERT 图					●		●
52	RACI					●	●	●
53	不足、过剩、不均	●				●		
54	ECRS			●		●		
55	业务改善提案表	●				●		●
56	任务、愿景、价值				●		●	●
57	Will / Can / Must	●					●	
58	Need / Want 矩阵	●					●	
59	周哈里窗						●	
60	认知/行动循环						●	
61	Want / Commitment						●	
62	PM 理论						●	
63	利害关系人分析						●	
64	双因素理论	●					●	
65	Will / Skill 矩阵	●					●	
66	GROW 模型	●			●		●	●
67	产品策划书				●			●
68	活动策划书				●			●
69	PREP							●
70	TAPS							●

如何活用框架

先掌握基本概念

在详细解说框架之前，首先简单地介绍何谓框架，以及框架具备的功能。

何谓框架

首先，我想说明一下“框架”是什么。所谓的框架，就是“架构”。在进行思考或分析时，只要先建立架构，就能明确掌握我们应该思考什么、整理什么，进而加快思考的速度。

例如，当我们想“调查竞争对手”时，应该将构成 4P（请参照→ 18 ）的因素，也就是产品、价格、流通、营销四个因素拆开思考，而非漫无目的地搜集资料，才能掌握具体而有用的信息。

前人所留下的智慧财产——为了达成特定目标，将自己应锁定的重点或关键点、范围、流程加以标准化的方法——就是框架。

摸索出最适合自己的框架运用方式

不过，框架并非万能。尽管它能提供解决问题所需的重要提示，但单靠框架无法让一切顺利进行，因为根据不同的状况和目的，最适合它的框架也会有些许差异。

先试着套入框架的态度固然重要，然而一旦演变为“为了套用框架而套用”，就本末倒置了。重要的是，必须随时思考“为什么要使用这个框架”，调整既有框架，找出对自己最具效果的运用方法。换言之，我希望你能抱着将本书升级为“商业框架图鉴 2.0”的态度来活用本书。

达成共识

前面提到框架是一种“架构”，具有加速思考的功能。除此之外，框架还有另一个重要的功能——在共同解决问题的伙伴间打造“共识”。

即使看见、听见一样的事，每个人的感受或想法也会有差异。当众多成员携手达成某个目标时，一旦彼此的认知出现差异，问题就会逐渐萌芽，等到发现时很可能已经非常严重，甚至导致策划案或项目功败垂成。例如，在构思创意时，思考的切入点为何、团队想要达成的目标是什么，都必须先凝聚共识；在设定目标时，则必须对决策基准的优先级达成共识；在决定具体战略或战术时，确认每个词汇的意思和定义也是必要工作。

在现代，为了达成目标而由跨部门成员组成团队的情况越来越普遍，因此凝聚共识、寻找共同语言的重要性也与日俱增。而框架正是一种可以有效凝聚共识的工具。

运用框架时所需的态度

在使用框架时，必须随时意识到“why”“what”与“how”（尤其是引导人）。为什么要使用框架？想要使用框架做什么？要如何使用框架？——在运用各种框架时，请站在上述角度思考。

本书在介绍各种框架时，会不断提及上述角度。除了个人运用，本书也会针对团体运用的状况进行解说。让我们利用框架整理讨论的内容，将结论可视化，再迈向下一个议题吧！

本书的结构

本书将七十款框架依不同场景分七章介绍，整体而言，以发现问题到解决问题的过程来排序。顺利解决问题前的步骤，虽然会因时间、场合和状况不同而异，但当你烦恼着不知该从何着手解决问题时，希望本书能为你提供参考。

〈本书的结构〉

第 1 章　发现问题、课题

第 2 章　分析市场

第 3 章　思索课题的解决方法

第 4 章　制订策略

第 5 章　改善业务

第 6 章　管理组织

第 7 章　传达与共享

第 1 章至第 4 章主要介绍从发现问题到制订解决方案的框架与想法，第 5 章至第 6 章则会说明执行解决方案时所需的框架；具体而言，包括使业务可视化、改善业务内容和管理组织时可运用的框架。第 7 章收录第 1 章至第 6 章思考的内容与团队共享，或提案时可派上用场的内容。

此外，为了提供你思考时可参考的角度，本书在每一款框架的解说页中，也会一并介绍“促进思考的提问”，包括有助于了解各框架基本概念的问题、促进改变思考角度的问题，以及有助于提升行动力的问题等。为了让每一款框架达到最有效的运用，也请你自己再补充问题。

最后的“CHECK POINT”是评估达标率的参考指标。请参考“CHECK POINT”，来确认框架是否运用得当。此外，本书也附有每一款框架的模板和简单范例。

发现问题、课题

STEP 1 找出问题

比较理想状况与现状，将问题可视化

发现问题的第一步，是写下理想状况与现状，确实掌握并整理出两者的落差。所有问题的解决过程都从这里开始的，接着逐一设计为了弥补落差所需采取的行动和应该实施的体制。请根据资料或脑中的想法，把所能预测的问题全部列出。

所谓的问题，就是理想状况与现况的落差

首先，请确认“何谓问题”。假设我们设定的理想状况是“想把月营业额提升至1000万日元”，而现状是“月营业额只有500万日元”，那么两者就存在“不足500万日元”的落差，这个落差就是本书所称的“问题”。再假设理想状况是“零投诉”，但实际状况却是“接到十件投诉”，那么两者的落差，也就是问题，便是“接到十件投诉”。

问题与课题的差异

在此也针对问题与课题的差异稍做说明。例如在上述假设中，公司“想把月营业额提升至1000万日元”，但实际上却存在“不足500万日元”的问题。在这个状况下，解决问题所需采取的具体措施，例如“多拜访十家新客户”，就是“课题”。解决问题的流程是：先将问题明确化，接着设定课题，再制订解决方案并实施。

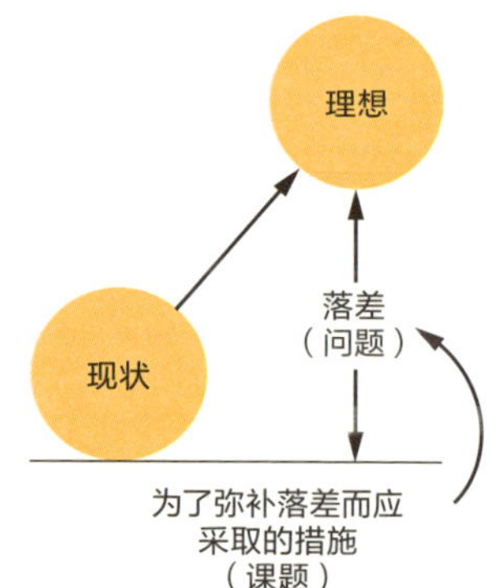

最重要的是必须事无巨细地列出

STEP1 是发现问题。这里最重要的关键是“将所有问题事无巨细地列出”。请注意不要遗漏，也不要重复，而深入思考问题的本质也很重要。在罗列问题时，很容易陷入只看见表面的状态。真正重要的问题，并不是一眼就能看出的问题，而是潜藏在这些问题的根源当中。深入挖掘问题时，最简单的方法就是问“why”。“为什么”这个疑问词非常有力，通过提问，就能深入挖掘造成问题的根源与周围需要评估的因素。

运用框架

然而，就算想列出问题，突然要自己写出来也不容易。这就是框架派上用场的时候了。在这个步骤里，我将介绍四款有助于拓展思考范围、深入挖掘问题的框架，除了个人，也请和团队一起运用。

首先，介绍把理想状况和现状列出的“As is / To be”。这个框架可将理想状况“To be”和现状“As is”加以整理，并分析两者的落差（问题），这是在本步骤中最主要的方法。

而加速我们列出理想状况、现状与落差的，则是“6W2H”“原因分析”与“可控制 / 不可控制”等框架。通过“由谁”“对谁”“在什么时候”“做什么”“在哪里”“为什么”“如何做”“做多久”因素，以多种角度来看待事物的方法，就是“6W2H”。接着再借由反复提出“为什么”的“原因分析”来深入探究，便能逐渐看出问题的全貌。

此外，也可利用第 3 章中介绍的“曼陀罗九宫格”强迫自己拓展思考范围。整理问题的方法会在接下来的步骤里详述，现在最重要的是毫无遗漏地罗列（output）。

01 As is / To be

将理想状况与现状的落差可视化

2 **As is（现状）**

- 营业额 2000 万日元 / 月
- 员工 30 人
- 公司元老与新进员工之间开始出现文化差异。几乎不再通过聚餐培养感情
- 目标大多由高层决定
- 半数员工周末必须加班
- 与当地居民几乎没有交流的机会

3 ⇄

1 **To be（理想状况）**

- 营业额 1 亿日元 / 月
- 员工 100 人（正式员工）
- 员工中有深厚信赖关系的团队
- 是能各自设定目标，主动挑战的团队
- 周末可以好好休息
- 与当地居民交流频繁

基本概要

“As is / To be”是将理想状况“To be”与现状“As is”的落差可视化，帮助思考如何弥补落差的框架。所谓的落差就是“问题”，解决问题的第一步是比较理想与现状。

本章将在 STEP1 中说明先找出问题，再进一步深入探讨问题的方法；在 STEP2 中则会说明该如何设定“课题”，也就是解决问题所需采取的行动。

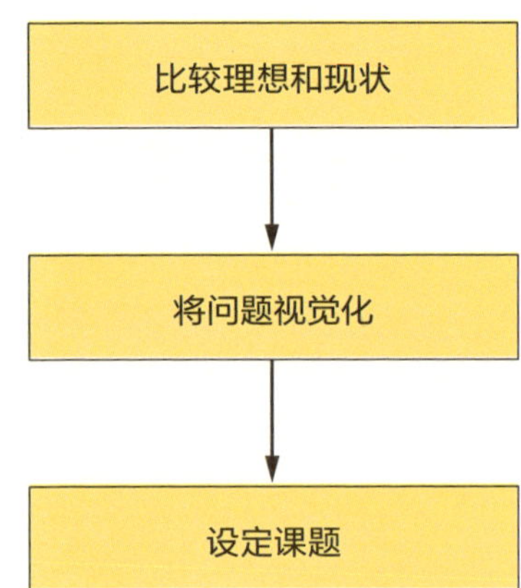

使用方法

1 [描绘理想状况] 想象整个团队的未来，描绘出团队理想的模样。可以先列出大脑中的所有想法，之后再整理。

2 [整理现状] 写下相对于理想状况的现状后，加以整理。除了营业额、资源、技术层面等定量资料，也请写下团队成员抱有的期待和感情等定性资料。此外，建议你在整理时，一并考虑理想状况和现状，而非只针对其中一项思考。

3 [分析落差] 分析理想与现状的落差；这个落差就是“问题”。以左栏为例，问题就是“每月营业额尚差 8000 万日元”“员工数尚差 70 名”等。可利用“6W2H”（请参照→ 02）或“原因分析”（请参照→ 03）深入探究问题核心。

促进思考的提问

- Q. 目前完成了大约百分之几的理想？
- Q. 如果想将完成率提高 10%，可以做什么？
- Q. 如果想获得 100 倍的成果，该怎么办？
- Q. 最重要的问题是什么？

CHECK POINT

- ☑ 团队想达到的理想现状已用文字描述出来
- ☑ 已正确掌握团队现状，清楚问题所在
- ☑ 团队成员皆已了解问题的存在

02 6W2H

通过八个疑问词来审视问题的各个方面

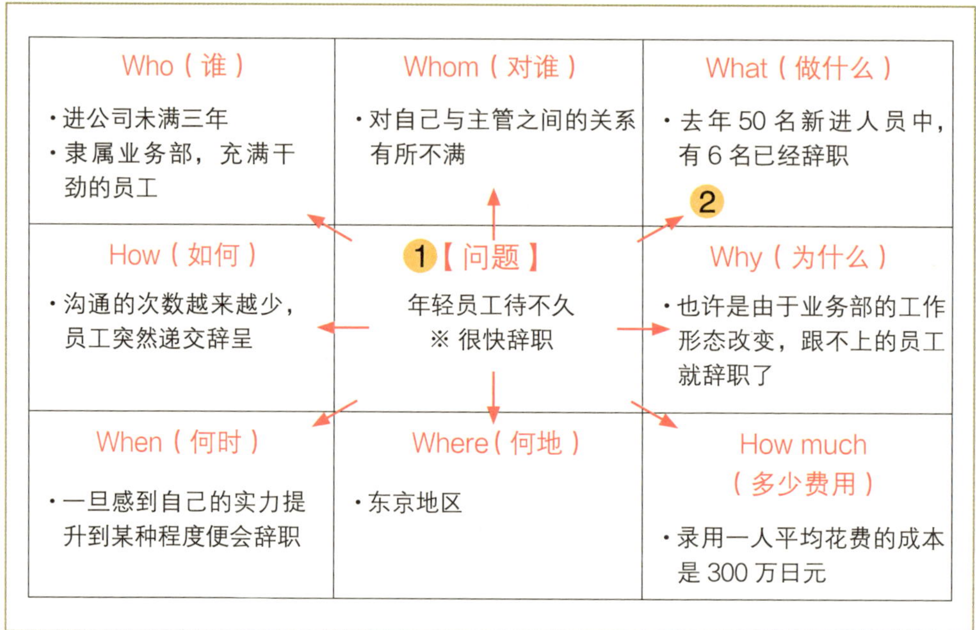

基本概要

“6W2H”可以帮助我们拓展思考范围，网罗各种基本问题。所谓的6W2H是利用“who”“what”“whom”“when”“where”“why”“how”“how much”八个疑问词，分别从各个方面探讨事物、主题、问题与课题等的框架。在分析或统合整理问题、整理搜集好的资料、激发创意或进行意见调查等必须整理数据的状况，都能派上用场。

针对特定主题，从各种角度抛出疑问的好处，就是可以促进思考，发现以往从没发现的观点。当想尝试“从各种不同方面思考问题”时，请你务必使用这个框架。

使用方法

1 [决定主题] 设定主题（左页范例中是“问题”），写在中间的空格中。

2 [拓展相关资讯] 针对主题，一边回答八个疑问词，一边拓展思考范围。通过各疑问词所应思考的重点，请参考下表。

〈提出 6W2H 疑问时的着眼点范例〉

Who	明确列出人物、组织、职位（或拥有该职位者）等主词
What	明确列出关于欲探讨之主题的事实和架构，如问题点、现况、产品或服务等
Whom	明确列出目标或人物等“对象”
When	确认实施日期或交货日期等时间轴（一段时期或时间点）
Where	确认地点、位置、地理环境或地区
Why	明确列出目的、原因、意义、前提条件、目标或意图
How	明确列出手段、过程、方法、步骤、架构等
How much	确认时间、费用、人才等资源

促进思考的提问

- 是否正确理解问题？
- 出现这个问题的典型表现为何？
- 为什么会出现这个问题？
- 有没有下意识忽略的点？

CHECK POINT

- [ ] 已针对主题全方位搜集各种信息
- [ ] 可用文章说明主题
- [ ] 拓展思考范围后，若有不明确的信息，也可对其进行思考

03 原因分析

深究问题的原因

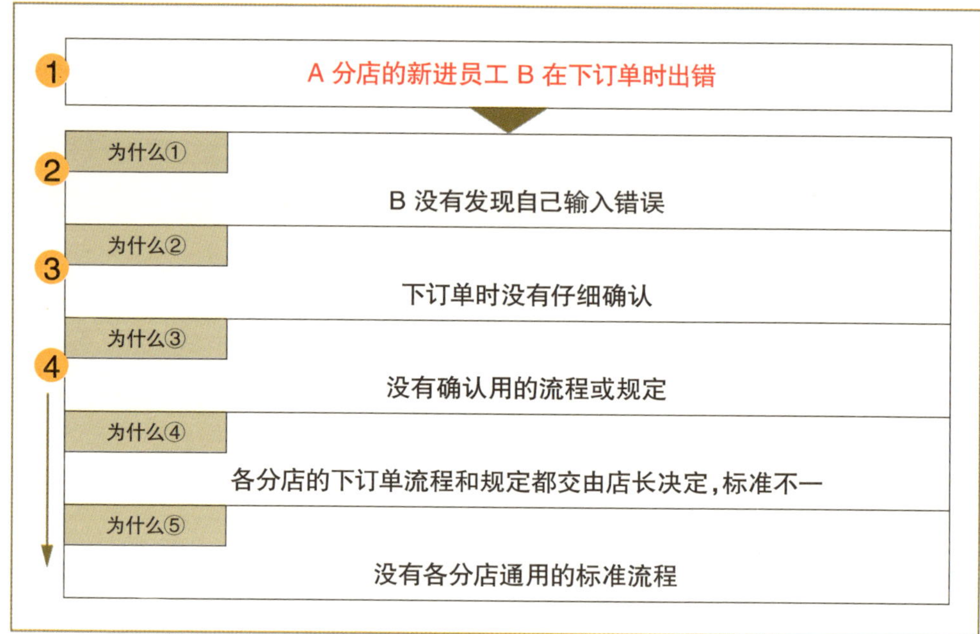

基本概要

“原因分析”是通过不断针对问题提出“为什么”，以阐明原因的框架。为了解决问题，我们必须确切掌握原因。如果只看到问题的表象就贸然执行对策，那么即使当下可以达到效果，但问题的根本依然没有解决，所以仍可能再次发生同样的问题。想要解决问题时，重要的是必须先阐明最根本的原因，再思考解决问题的方案。

除了利用原因分析来深究问题，我也希望你能通过这个框架，养成不断询问“为什么”的习惯和思考的能力。

使用方法

1 [设定问题] 设定想要分析的问题。关键是在每次的原因分析中，只锁定一个具体内容。

2 [询问“为什么”] 问自己“为什么”，写出造成问题的原因。

3 [继续问“为什么”] 针对已写出的原因，再次问自己“为什么”，继续深究原因。

4 [重复3] 接下来重复步骤3，不断深究，直到能有逻辑地说明“只要改善这个原因，就可能解决一开始提出的问题”为止。另外，左页范例是针对每个问题只写出了一个原因，但很多时候原因往往不止一个。这时候可以利用树状图将原因分类，再针对每一个进行分析。关于树状图的制作，请多加利用逻辑树状图（Logic Tree，请参照→ 05 ）。

促进思考的提问

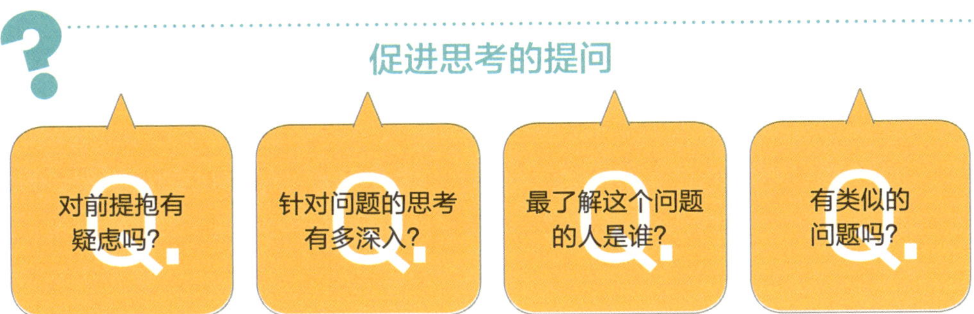

CHECK POINT

- ☑ 已做好整理，逻辑不会互相矛盾
- ☑ 论点中立客观（并非因人而异的主观分析）
- ☑ 已翔实列出原因（没有因为担心批评而随便糊弄）

04 可控制 / 不可控制

掌握己方有能力改变的事物

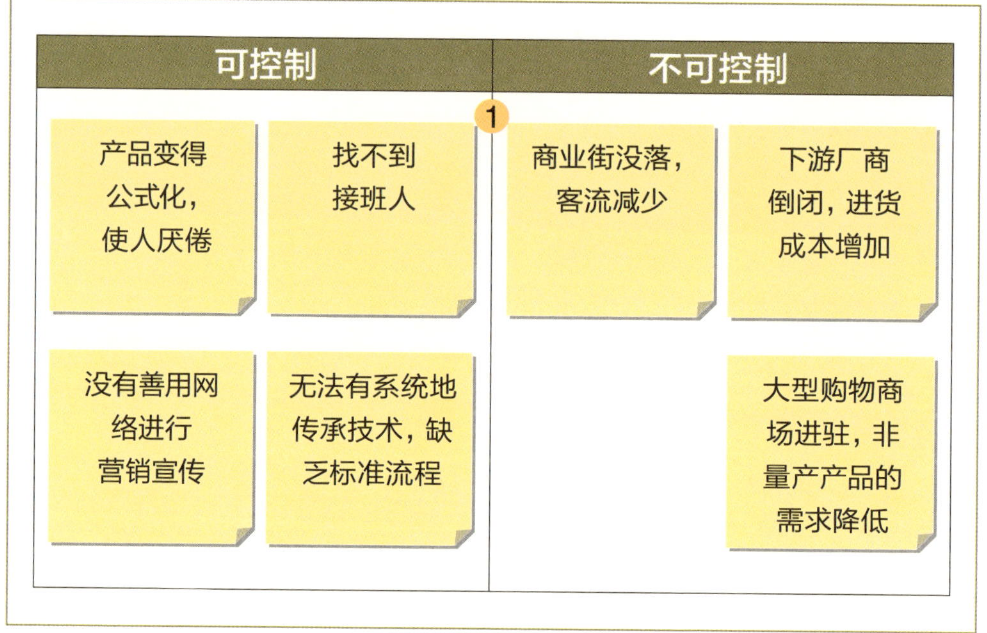

基本概要

“可控制 / 不可控制”是用于将“通过己方努力就能解决的问题”与“己方也无能为力的问题”分开思考的框架。

所谓不可控制的事物，就是受社会变迁影响的事物，或是业界规则、客户的问题等必须高度依赖他人意愿的事物。相反地，由于公司内部因素、自己的行动或想法所造成的问题，则比较可控，解决的可能性也应该比较高。

不可控制的问题固然也不该无视，但讨论一个任凭己方再怎么努力也无法改变的事实，只会无谓地消耗时间。先将问题分类为可控制或不可控制，便能有效节省时间。若想有效率地厘清问题并进行讨论，请试试这个框架。

使用方法

准备 ［列出问题］把大脑中浮现的问题、平常就感到困扰的事逐一写下。如果是多人团队一起进行，可以把一个问题写在一张便利贴上。

1 ［分类］准备如左页范例的纸张或白板，在上面将准备阶段列出的问题分类为可控制和不可控制。这个步骤，可以由提出该问题的人来分类。

2 ［深入探究内容］分类完毕后，再通过对话深入探讨，由团队成员一同思考如下问题：可控制、不可控制的分类是否正确？在被分类为可控制的问题中，最想解决的是什么？该怎么做才能解决问题？此外，即使是不可控制的问题，也可以思考己方是否有能突破瓶颈的作为。假如能激发出以往不曾出现的灵感，就非常有意义。参考这些着眼点来展开对话，便能从各种层面加深对问题的理解。

促进思考的提问

Q. 目前己方应该思考的点是什么？

Q. 不可控制的主因是什么？

Q. 本公司不可控制的问题，其他公司是如何处理的？

Q. 针对可控制问题的解决方案是什么？

CHECK POINT

- ☐ 全体成员皆已清楚掌握可控制与不可控制的分界线
- ☐ 已深入讨论不可控制的问题是否真的不可控制
- ☐ 已针对可控制的问题提出解决方案

STEP 2

整理问题

整理列出的问题与搜集的资料

找出问题后，接下来就要进入整理问题、设定课题、讨论解决方案的步骤。不论问题大小，整理信息的抽象度与关联性都是商务场合不可或缺的能力。现在，就先弄懂逻辑树状图和 MECE 等框架的基本概念

整理问题的基本流程

整理问题的基本流程是：①确认 STEP1 列出的问题没有遗漏→②分类→③有逻辑地加以整理。

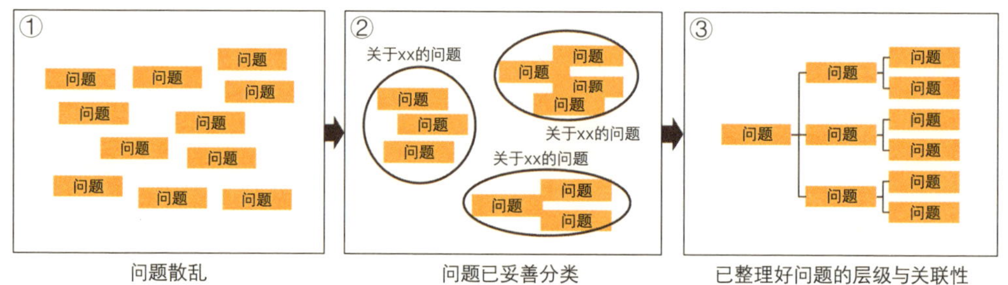

整理问题时，最重要的是仔细思考资料的抽象度（或具体度），再着手进行整理。不仅是个人思考问题时，在多人对话时这一点更为重要。例如在讨论时，一方针对企业战略层面的问题发表意见，但另一方却针对具体业务层次的问题陈述想法，这样是不会有交集的。相信这正是老板和员工之间常见的想法落差吧！

为了避免这种状况，针对问题讨论时，必须让所有人发言的“抽象度（或具体度）”维持一致。通过接下来介绍的逻辑树状图，可以将数据的抽象度，也就是把数据的“层级”和“关联性”加以整理，并使其可视化。

整理问题时必须随时留意是否“遗漏、重叠”

整理问题时，必须留意数据是否有疏漏或是重叠。不遗漏、不重叠地整理数据的方法，称为“MECE（Mutually Exclusive Collectively Exhaustive）”，这是运用框架时不可或缺的大前提。下面让我们一起来了解。

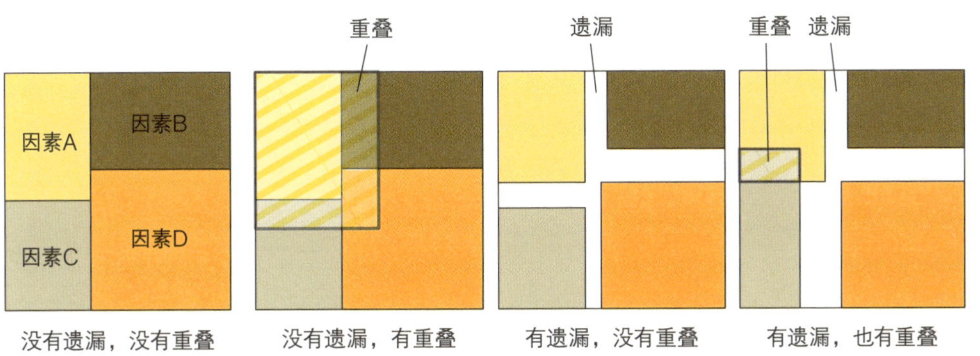

上图是 MECE 的视觉概念。最左边是没有遗漏、没有重叠的状态，而右边三个则是出现遗漏或重叠。倘若出现遗漏，就可能在对问题不够掌握的状态下做决定，出错的概率便会升高。假如出现重叠，就表示想法可能有所偏颇，或把时间耗费在不必要的分析或讨论上，导致成本增加。使用框架时，请随时提醒自己必须做到没有遗漏、没有重叠。尤其是遗漏，一旦在某个步骤出现遗漏，很可能会在没察觉的状况下继续进行，因此格外需要注意。

设定课题，讨论解决方案的方向

在这个步骤，逻辑树状图的主要功能是整理与问题相关的信息，而课题设定表单的主要功能则是针对问题设定课题。深究问题的根源，厘清问题的原因与结构之后，就来讨论为了解决问题而应采取的措施，以及解决方案的具体方向。

05 逻辑树状图

整理出资料的层级，掌握问题全貌

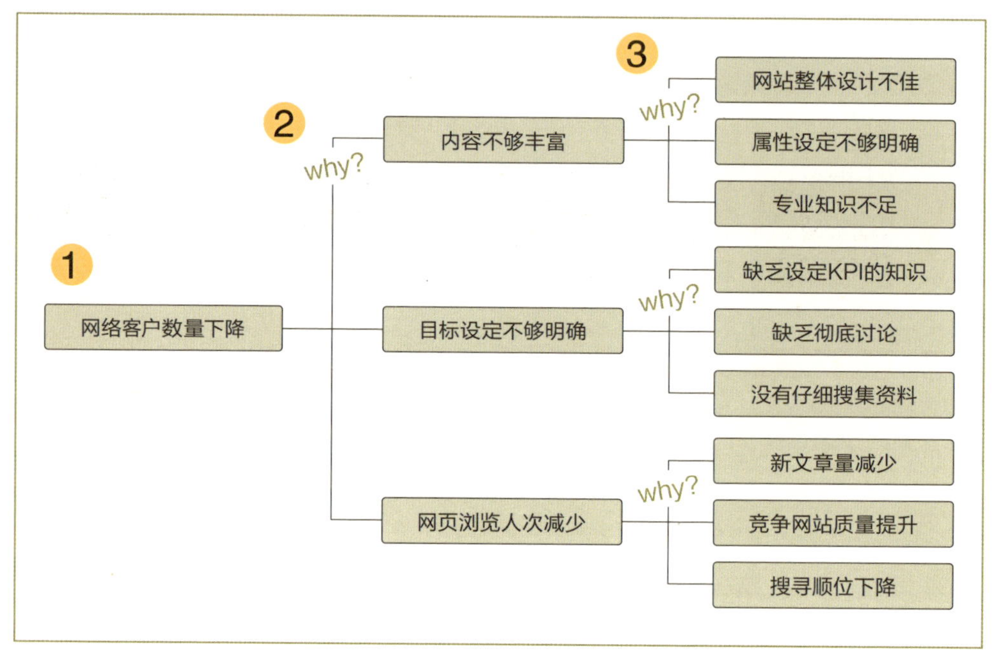

基本概要

“逻辑树状图”是先将事物拆解后再思考，全面厘清整体与部分的框架。我们会在这个步骤，将一开始设定的问题拆解为多个因素。

在逻辑树状图中，越靠右侧（阶层较低的概念）的资料会被拆解得越具体，越靠左侧（阶层较高的概念）的数据则会越精简。逻辑树状图包括厘清问题所在的“What树”“Where树”，以及带领我们摸索解决方案的“How树”等，我们可以根据不同的疑问词来分类树的用途。下面我将介绍以分析问题原因为目的的“Why树”该如何运用。

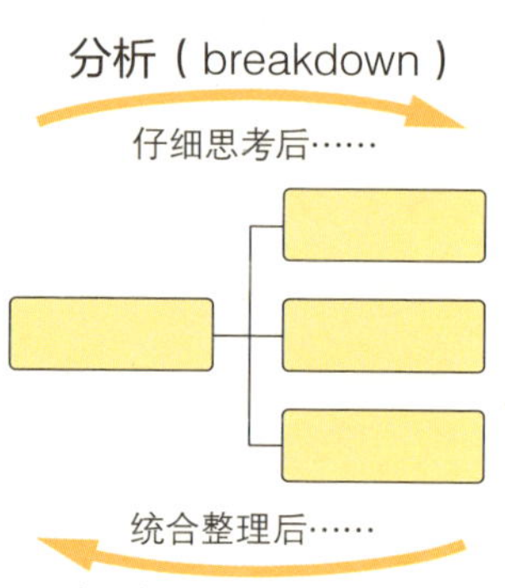

使用方法

1 [设定问题] 设定位于逻辑树状图顶点的问题。请将已发生的问题或事实如实写下（例如“网络客户数量下降”等）。

2 [列出主要原因] 针对已设定的问题提出“why”，列出可能导致问题的主要因素。在最初的层级不用拆解得太细，只需掌握大致分类、有几种可能原因即可。

3 [细分原因] 针对步骤2列出的原因继续提出“why”，细分每个原因并深究。如有需要，可重复本步骤。

4 [整理树状图] 相关原因全部列出后，请确认每个因素的关联是否有逻辑，层级高低是否无误。此时必须格外留意层级是否上下颠倒，以及同一层级内的每个因素规模大小是否相当。

促进思考的提问

如果抽象化会如何？如果具体化会如何？

自己的思考习惯是偏抽象还是偏具体？

你能从列出的内容中举出三个最重要的项目吗？

其他公司或部门如何思考同一问题？

CHECK POINT

- 信息已妥善整理，可以掌握上下层级关系
- 自己或团队的视角及论点皆无偏颇，全面列出所有信息
- 可以将事情抽象化或具体化之后再思考

06 课题设定表单

整理解决问题所需采取的措施

1	应解决的问题	团队成员的热忱差距越来越大 ※用创业初期的那种方法无法带动刚进公司不久的员工
2	应执行的课题	设计新进员工的教育培训与评分制度

整理课题的概要

3

- 创业时期，公司里每位员工的关系都很紧密，并拥有共同的理念与愿景，但随着员工人数增加，想法就渐渐出现差异（why）
- 希望设计一个三天两夜的集训计划，之后交由各店店长跟进（how）
- 必须实施“理念共享”“目标设定”与“行动计划”的规划，及后续的个别跟进（what）
- 由人事部门主导，同时请求各团队主管协助（who）
- 首先针对进公司未满两年的员工实施（whom）
- 希望4月、12月各举办一场理念共享的研习，同时每个月必须进行一次个别面谈（when）
- 研习在东京总公司举办，个别面谈在各分店进行（where）
- 希望一年的预算可以控制在300万日元以内（how much）

基本概要

“课题设定表单”是可将上述步骤所找出的问题加以整理，并设定未来应执行之课题的框架。

所谓的课题，就是为了解决问题而必须采取的行动。假设眼前的问题是“团队成员的热忱差距越来越大”，那么诸如“设计新进员工的教育训练与评分制度”等具体应该采取的行动，就是课题。

〈补充：问题与课题的差异〉

问题	理想与现状的落差
课题	为了解决问题（弥补差异）而应采取的措施

使用方法

1 [设定问题] 写下一个需要解决的问题。一张课题设定表单上只能填写一个问题，若想处理多个问题，请准备多张表单。

2 [设定应执行的课题] 写下为了解决此问题而必须采取的行动。有时一个问题可能会有许多课题，但请将课题浓缩成一个再填写。至于第二、第三个课题，请重新制作另一张课题设定表单。

3 [整理课题的概要] 写下有关此课题的前提、条件和相关资讯，再依照6W2H来整理课题的概要。在下一个步骤（STEP3），我们会判断应该优先以哪一个课题开始执行，因此必须在这个步骤先掌握具体概念。

促进思考的提问

Q. 执行课题时会遇到阻碍吗？

Q. 过去有人执行过相同的课题吗？

Q. 该如何降低课题的门槛？

Q. 该怎么做才能更容易得到他人的协助？

CHECK POINT

- ☑ 已针对挑出的问题设定适量课题
- ☑ 设定的课题是可实践的（资源不足时会讨论补救措施）
- ☑ 已针对课题的各种不同方面进行设定

决定优先顺序

思考应执行课题的优先顺序

到这里为止，我们已经找出问题，加以整理，并设定了课题。本章最后一个步骤，就是决定已设定之课题的优先级。接下来我将说明，为了在有限资源下发挥最大效果，对公司来说最重要的因素是什么，以及公司该如何做出决策。

从最有贡献的项目开始着手

在商务工作中，我们总是期待用最少成本获取最大效益，因此原则上，从对达成目标最有贡献的项目开始着手。简而言之，就是假设有“每年可节省 10000 小时的创意”和“每年可节省 100 小时的创意”两个选项时，就应该从前者开始着手（假如还有其他不同条件，例如必须花费庞大预算才能节省较多时数等，则必须逐一考虑再选择）。

开始执行课题时，一定会遇到时间及资本等资源限制。最理想的状况，是从最有贡献的课题开始完成，从容地运营，最后取得超出默认目标的成果。

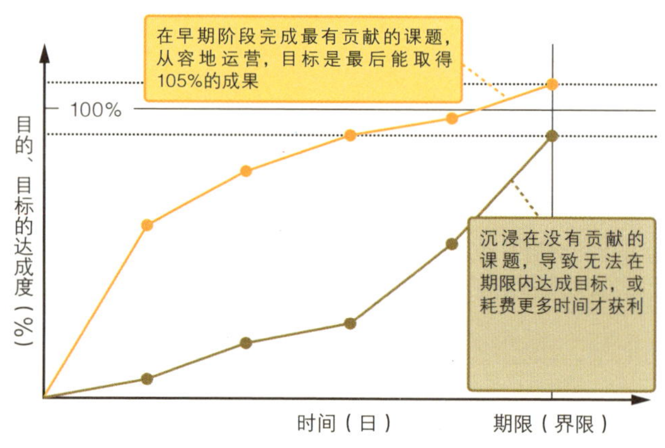

每个人都知道这是最理想的状况，但实际上，仍有不少人总是不由自主地沉浸在没有贡献的课题中。此外，因为“一直以来都这么做”而将资源浪费在对目标没有贡献的课题上，导致目标无法达成，也是常见的案例。除了选择该做什么，拥有选择不做什么的勇气，也很重要。

是否有贡献因具体情况而异

如前所述，决定课题的优先级时，应该从最有贡献的因素开始选择。我想强调，贡献的多少会随目的和状况而改变。例如，对经营零售业，正面临人手不足问题的 A 公司来说，招募员工是当务之急，也是最重要的课题。而相对地，在只由少数精英进行软件研发，且即将发表新软件的 B 公司里，招募新员工可能就没那么必要。换言之，我们必须根据不同情况和时间点，来选择决定优先级的标准。同时，必须让全体员工了解这个标准，再来讨论优先级。

概览整体是关键

我们经常遇到必须“挑出某个选项”的情况，这时候能否一眼看清每个选项的概览信息便格外重要。将整体概念可视化时，最方便的工具就是“矩阵图”。矩阵是在“m 行 ×n 列”的图形中画出轴，用以替选项评分，在运用框架时不可或缺。下图就是最典型的 2 行 ×2 列矩阵。被轴分割的区块称为“象限”，请将选项放在各个象限里。矩阵的好处，除了能让我们概览整体，掌握各个选项在评分标准中属于哪个位置或层级，也很容易针对每个象限提出对策，有助于衔接接下来的行动。

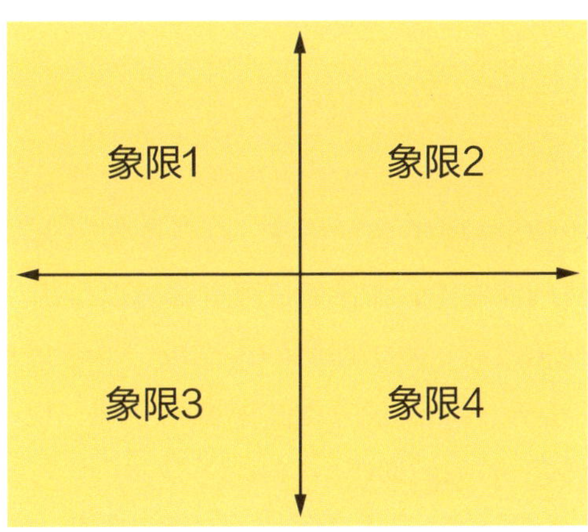

矩阵的具体范例，就是将急迫性与重要性当作标准，来评估优先级的急迫性 / 重要性矩阵。它是一款经典的框架，由于急迫又重要的课题会变得明确，因此在讨论该从何处开始着手时相当有用。

矩阵可以应用在各种情况，让我们先学会它的基本用法，未来便能灵活运用。

急迫性 / 重要性矩阵

让课题的优先顺序可视化，并赋予关联性

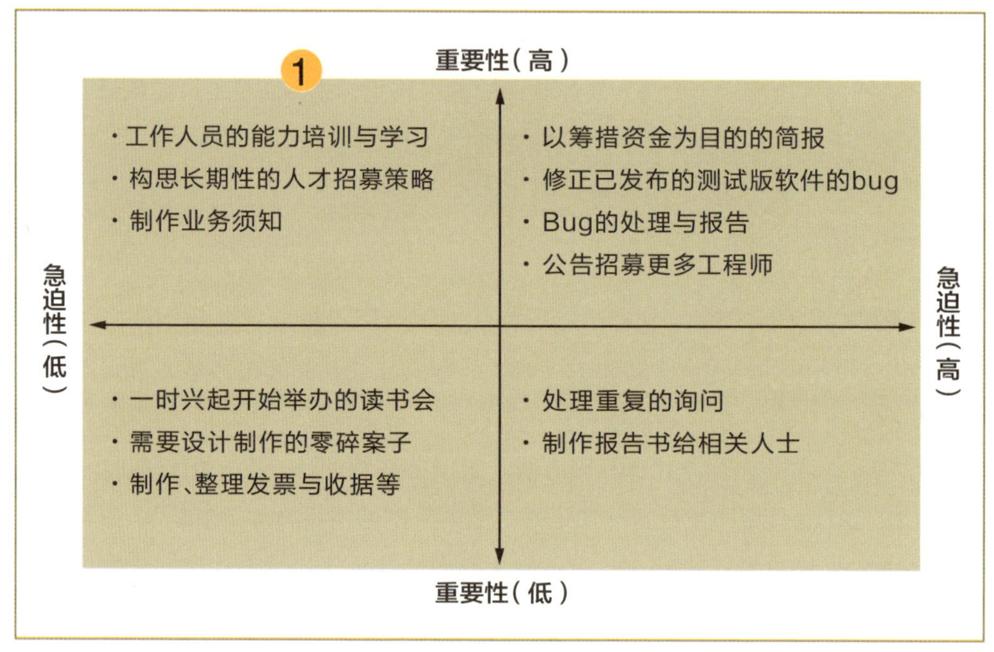

基本概要

“急迫性 / 重要性矩阵”是通过急迫性与重要性两种评分基准来整理、讨论、决定事物优先级的框架。这是非常经典的框架，从管理层级的课题到个人生活上面对的课题等，在任何情况下都可以运用。在利用急迫性 / 重要性矩阵将整体概念可视化之后，除了课题的优先级，思考该对每项课题拨出多少资源才能取得平衡，也是重点之一。

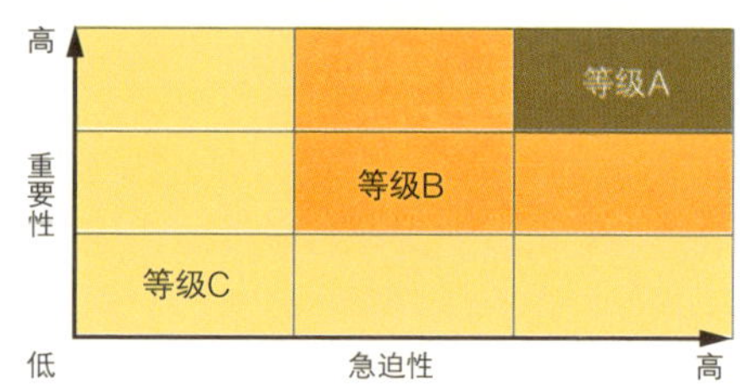

另外，课题过多时，也可以使用九宫格矩阵。只要增加格子，就能更仔细地评估每个课题并思索对策。

使用方法

1 [将课题配置于矩阵中] 事先设定急迫性、重要性的定义和标准，是有效运用的关键。尤其是多人团队一起使用时，更是必须事前讨论清楚。另外，建议事先把课题写在便利贴上，以便更轻松地掌握整体概况。

2 [讨论优先顺序] 整理好矩阵后，便可思考优先顺序。讨论时可参考急迫性和重要性的高低。

补充 **如果只在乎急迫性，便会失去未来性**

一直只在乎急迫性的人，往往容易忘记思考“不急迫但重要的事”。例如开拓新市场等投资因素较强的业务，就很容易被归在急迫性较低的类别中。但如果没有进行这项投资，未来便很难培养竞争优势。

促进思考的提问

Q. 哪个课题能用最小成本获得最大效果？

Q. 如果想让成果增加三倍，应该选择哪个课题？

Q. 有重要性低却很耗费成本的业务吗？

Q. 有根本没必要执行的课题吗？

CHECK POINT

- ☑ 所有成员皆已了解急迫性和重要性的定量性定义
- ☑ 所有成员皆已了解每个课题在急迫性、重要性上的定位
- ☑ 已掌握每个选项所需耗费的成本

08 决策矩阵

以定量、客观的方式评断每个选项

①		② 急迫性 ×1.0	可行性 ×1.0	利益性 ×2.0	未来性 ×2.0	合计
选项1	研发新产品（为了与其他公司做出区分而研发新产品，以吸引更多客户。）	1	3	2	2	12 ③
选项2	推出促进介绍新客户的优惠（推出优良客户抽奖以及吸引老客户介绍新客户的优惠。）	2	5	3	1	15
选项3	设计网络营销策略（原本主要以传统方式营销，因此要加强网络营销策略。）	5	3	4	2	20
选项4	开发合作伙伴（开发愿意协助营销宣传活动的合作企业。）	3	2	1	3	13
选项5	策划宣传（针对以往没有触及的客户群进行策划宣传。）	2	1	1	5	15

※本次各项目满分为5分

基本概要

“决策矩阵”是决定课题或构想时，替多个选项进行评选的方法之一。做决策时，假如面对多个选项，绝不能只依赖定性数据或主观，而应该定量且客观地予以评价。

除了个人使用，也可以设计成问卷，让许多人一起使用。多人共同使用时，必须确保每一名成员都理解各评分项目的意义和定义。原则上最后会采用得分较高的选项，但并不代表非得选择最高分的选项。最重要的是不能偏向定性数据或定量数据的任何一方，而是应该审慎思考两种因素，再做出最终决策。

使用方法

1 ［整理评分项目］整理并列出需要评分的选项。急迫性 / 重要性矩阵（请参照→ 07 ）范例中列举的各种想执行的课题，就是评分的选项。必须注意的是，请写下足以让人理解课题概要的信息。

2 ［设定评分项目与重要性］填入评分项目与其比重。所谓比重就是各评分项目要用什么比例来计分。评分项目与其比重必须依照目标设定，例如左页范例设定为急迫性（×1.0）、可行性（×1.0）、利益性（×2.0）、未来性（×2.0）四种。

例 评分项目

急迫性、重要性、可行性、利益性、效果性、未来性、印象、优势、发展性，等等。

3 ［进行评分］准备好选项和评分项目，便可实际替各项目评分。所有项目评好分数后，将合计分数记录在最右侧的栏中。最后再根据“数值”这个视觉化资料进行决策。

促进思考的提问

Q. 平常在决策时，最苦恼的是什么？

Q. 所有的选项是否都可以执行？

Q. 用加分或扣分的方式思考过吗？

Q. 哪个选项最能帮助自己想象“课题解决后的状态”？

CHECK POINT

- ☐ 已给予适合的评分（尤其是个人使用此框架时，应请他人确认）
- ☐ 当评分结果与直觉有落差时，已确实思考这个落差的意义
- ☐ 已决定（或锁定）应执行的课题

专栏 “责任在人”或“责任在我”

在第 1 章中，我依序介绍了找出问题、分析问题、整理问题和决定课题优先级时可运用的框架。而在思考问题时，必须特别意识到“责任在人”与“责任在我”的不同。

“责任在人”与“责任在我”

“责任在人”是把导致问题的原因归咎于团队成员、公司或整个社会，也就是除了自己以外的“他人”。例如“接到投诉时，先怀疑部下或主管的应对方式”“没达到业绩目标时，先质疑客户的理解能力”，等等。相对地，“责任在我”是认为问题归因于自己的行为或想法，也就是出在“自己”身上。套进上述的例子里，就是“接到投诉时，先评估自己的应对是否有失礼之处”“没达到业绩目标时，先想想自己有没有做好客户需求调查”。

“责任在我”的思考模式能带来行动

“责任在人”与“责任在我”这两种思考方式皆有其必要，但我希望你能“先想想看是否责任在我”。因为假如采取“责任在人”的思考模式，认为原因并非出在自己身上，那么往往很难针对该问题构思解决对策并加以实践。用“责任在我”的态度来思考，扪心自问“现在我能做些什么”，便能进一步想出具体方案，并付诸执行。

先从自己能力范围内可以改善的事情开始实践，再逐渐把范围从“自身”扩大为“整体”，思考“整体架构是不是也有改善空间”“整个团队的目标是否有必要修正”才是最理想的状况。无论如何，最重要的是必须持续不断思考，耐心探寻有助解决问题的线索。

分析市场

分析大环境与本公司

洞悉全球与业界动向，掌握本公司目前所处的地位

本章将以三个步骤介绍有关“分析”的概念与框架。在实际的工作中，通常会反复执行第 1 章的“找出问题”与第 2 章的“分析”。也就是我们会一边搜集需要的信息，一边有系统地整理。

“拆解”构成事物的因素，确认调查的“目的”

析就是将复杂的事物拆解成许多小部分（构成事物的因素），厘清其结构与彼此间的关联性。进行分析时所需要的能力，就好比地图app，必须能自由放大、缩小来审视整体和部分，汇总每个部分的详细信息。因此，分析的首要任务是先掌握整体概念，再“拆解”。

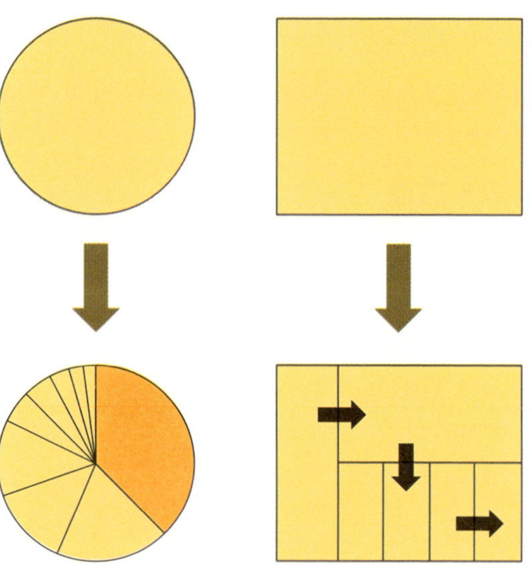

其次，判断该如何拆解、该调查哪些地方时，最大的关键是分析的“目的”。我们必须从目的——也就是分析完毕后，究竟想做些什么——来往回推。例如，假如只是“试着做了问卷调查”，那么不但无法通过问卷调查达到任何目的，连有用的信息都无法取得。

进行调查时，必须先依据目的做出假设，如此便能提升自己对落差和重点的敏感度，做出更有意义的调查和分析。

分析的基本概念是 3C 和大环境

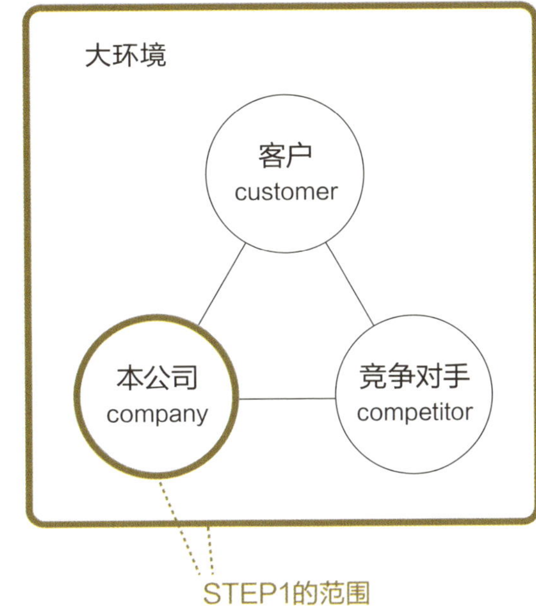

世界上有各式各样的分析方法，本书通过本公司、客户、竞争对手以及与上述三者息息相关的大环境四个视角，将分析方法加以分类，请在寻找符合目的的分析方法时多加参考。

为了理解这四个视角，首先要掌握“3C”的概念。

3C 是一款分别站在本公司、客户与竞争对手这三种不同角度来分析经营环境，寻找成功关键的框架。这款框架可以运用在各种场合，例如替本公司设计可能的策略、评估事业发展走向，等等。

3C 虽然将视角分为三种，但每个因素都是连动的，因此不能将它们分开思考。分析本公司时，也必须了解客户；倘若不知道自己有哪些竞争对手、竞争对手目前的动向为何，就无法掌握本公司的定位。请将 3C 视为一个互相连动的整体，再针对各因素进行详细调查。

除了 3C，另一个需要掌握的是大环境。大环境是指时代潮流、全球走向等不可抗力的因素，包括人口、政治、科技、经济等。当我们想分析这些因素可能对组织带来什么机会或威胁时，就必须考虑大环境。以往的优势，可能随时代变化变得无用武之地，相反，过去不受注目的因素，也可能因社会需求的变化而开始受重视。进行分析时，请考虑各个方面，并同时注意整体与部分。

PEST 分析

掌握大环境变化与关键词

Politics（政治）	Economy（经济）
・入学考试制度与课程的改革 ・因上述现象而产生的学校教育人才不足	・对教育的投资日益活跃 ・经营补习班所需的场地租金变得便宜
Society（社会）	**Technology（科技）**
・从要求一致转变为重视个体差异 ・只重视成绩的价值观开始改变，大学升学率可能下降	・ICT（信息及通讯科技）的迅速发展 ・视频会议技术的发达，使远程教学变得更容易 ・群众外包与C2C服务的发展，增加了获得教育人才的途径

基本概要

PEST 分析是在思考影响自身事业或组织的大环境因素时很有用的框架，适用于构思策略、设计战术时。PEST 是由“politics（政治）”“economy（经济）”“society（社会）”与“technology（科技）”的首字母组成；我们要从这四个因素切入，预测未来变化，设计事业蓝图。

在 PEST 分析中，除了大环境的现状，更要分析未来长期的动向。PEST 分析的优点，是可以思考自己的公司在时代变化洪流中该如何自处。为了搜集多方且正确的信息，成员的选择和调查方式也都必须留意。

使用方法

1 [列出带来影响的因素] 以政治、经济、社会、科技等因素切入，列出可能带来影响的事物。这项工作可以广邀拥有不同知识与经验的成员加入。如果能设定某种程度的时间轴，例如“在 3 ～ 5 年内可能带来影响的事物”，便能轻松地联想。

补充 制作年表，掌握时间顺序

另一个方法是依照时序，像年表一样地列出。适用于想要同时掌握造成影响的因素与变化的状况时。

2 [整理因素] 列出一部分之后，便可先整理一次资料，确认是否有遗漏，如果有缺漏请补上。资料搜集齐全后，再挑出对本公司比较重要的因素。可以用“对市场影响多寡”或“不确定性”等作为评分基准。

促进思考的提问

Q. 最近有什么重大新闻?

Q. 常在媒体或书店看到什么关键字?

Q. 你认为有必要学习什么?

Q. 你能从各项目中挑出三项最重要的资料吗?

CHECK POINT

- ☑ 掌握世界潮流与当代的关键字
- ☑ 已确认可能对本公司造成重大影响的因素
- ☑ 已确认列出的数据正确无误（不听信传闻或谣言）

10 五力分析

将业界的竞争结构可视化

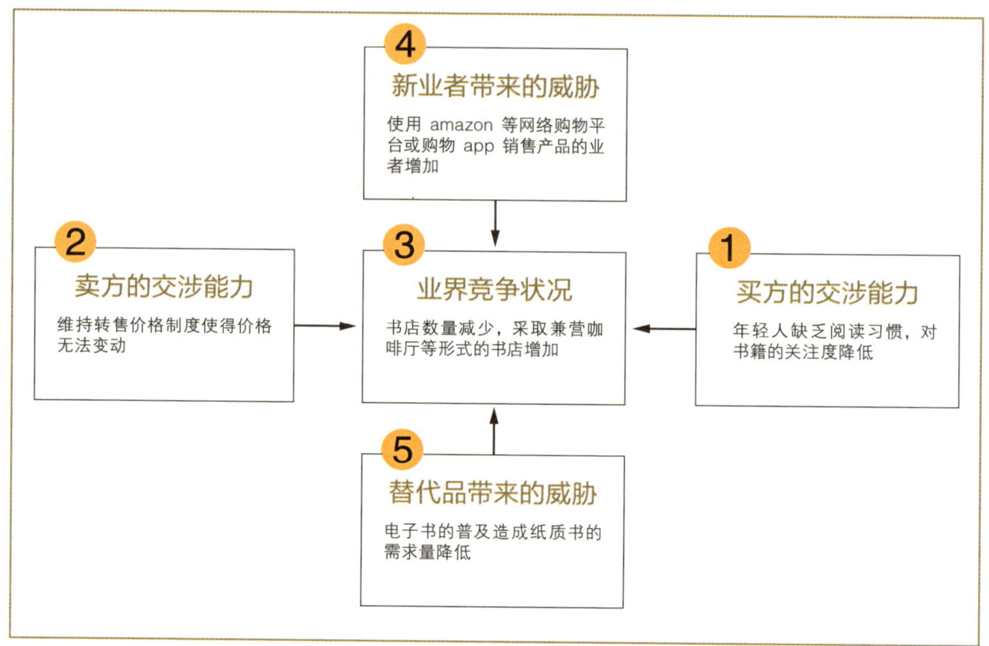

基本概要

“五力分析（Five Forces）”是从“买方的交涉能力”“卖方的交涉能力”“业界竞争状况”“新业者带来的威胁”“替代品带来的威胁”五个因素切入，分析业界竞争结构与魅力的方法。这五个因素越多或越强，就表示该业界的竞争越激烈，获益门槛也越高。这个框架适于想掌握本公司所属业界的竞争结构，或分析即将投入之业界的竞争结构时使用。

此外，即使通过五力分析得到了竞争性很高的结论，也不见得就表示应该做出“不投入（撤退）”的判断，必须同时掌握结构，思考是否能打造一个可以发挥竞争力的定位。关于定位的概念，请参考 STP（请参照→ 35）。

使用方法

1 [分析买方的交涉能力] 买方指的是客户，也就是购买本公司产品或服务的企业或个人。买方是否具有独占性、需求是否有变化、对公司产品忠诚度高不高等，都是提高买方交涉能力的因素。

2 [分析卖方的交涉能力] 卖方指的是供给本公司的产品或服务所需零件、材料的上游厂商。在这里必须整理上游厂商或其业界对本公司带来的影响。

3 [分析业界竞争状况] 针对业界有哪些竞争对手、有什么竞争手段或策略等主题搜集资料并整理。

4 [分析新业者带来的威胁] 整理投入此业界的门槛有多高、目前有哪些新业者。假如不太需要设备投资、专业技术不难掌握，那么新业者的威胁就会提高。

5 [分析替代品带来的威胁] 分析是否可能创造出 CP 值更高的模型，来满足现有产品、服务所满足的需求。

促进思考的提问

- Q. 具有高度影响力，可能造成瓶颈的竞争因素是什么?
- Q. 要正面对决，还是要避开竞争?
- Q. 如果改变锁定分析对象的方式，会有什么不同?
- Q. 三年或五年后的动向是什么?

CHECK POINT

- ☑ 已定义本公司投入（或计划投入）的业界所处的位置
- ☑ 业界内外的竞争因素皆已视觉化
- ☑ 已掌握业界所拥有的魅力与困难之处

VRIO 分析

分析本公司的竞争力

1	V 经济价值	R 稀有性	I 不可模仿性	O 组织	3 今后的对策与方针
人才	○	○	○	△	拥有业界革命性新技术相关知识与技术的人才，具有较高的竞争力。后续的成员培训将成为问题
技术研发	○	○	○	○	在业界以外也有许多人运用的技术研发日趋成熟，有关此领域的研究环境也已成熟。未来也会继续强化研发环境
资金调度	×	×	×	×	有关资金调度的技术或知识不足。除了学习外，当务之急是留住擅长资金调度的人才，或寻找合作伙伴
制造	○	○	△	△	制造方式在业界较新，富有竞争力，但竞争对手若想模仿，也不是做不到，因此长远来看，很难称得上是强项
物流	×	×	×	×	缺乏物流优势。当务之急是讨论与实施降低成本的策略，或思考新的流通方式
策划	○	○	○	△	公司有许多擅长解决问题、主动积极的人才，因此策划能力很高。但缺点是不擅与公司外部的人合作
销售	△	○	△	△	目前技术与产品都很独特，因此稀有性提高，也有许多网络订单，但缺乏传统的业务营销能力
服务	○	△	○	×	周到的售后服务是业界首屈一指，但相对需要高成本，因此必须策划如何降低成本

基本概要

一家企业是否能保有竞争优势，取决于其拥有的经营管理资源，以及运用该资源的能力——这就是“资源基础观点（Resource-Based View，RBV）”。而分析经营管理资源和运用该资源之能力的方法，就是“VRIO 分析”。

所谓的经营管理资源，就是本公司所拥有的技术、研发能力、业务营销能力、人才、品牌、公司传统等企业在提供其价值时所需的各种资源。我们会从“value（经济价值）”“rarity（稀有性）”“inimitability（不可模仿性）”以及“organization（组织）”这四个方面切入，针对资源搜集资料、评分，并探讨未来的方针。假如不清楚本公司拥有什么资源，请参考价值链分析（请参照→ 20）。

使用方法

① [设定资源] 列出欲分析的资源。

② [替资源评分] 依循 VRIO，针对每个资源搜集资料并评分。下列问题可以帮助判断。

经济价值（V）	拥有此项资源，是否就能掌握机会？是否可以削弱竞争对手的优势？是否可以避开威胁？
稀有性（R）	拥有此项资源或善加运用此项资源的企业是否很少？
不可模仿性（I）	竞争对手若想获得此项资源，是否需要付出高成本？此外，若保有此项资源，是否在成本付出上较不利？
组织（O）	是否具备可以有效运用资源的体制（组织架构、规范、制度、运用流程等）？

③ [决定未来的走向] 评分完毕后，再整理对策的未来方向，如“强化哪项资源可以提升竞争力”“未来要如何强化各项资源”。

促进思考的提问

- 提到本公司的资源，第一个想到的是什么？
- 可以具体举出哪些资源的例子？
- 要加强优势还是补足弱点？
- 有尚未重复运用的资源吗？

CHECK POINT

- ☑ 本公司所拥有的资源皆已视觉化
- ☑ 已掌握本公司的竞争优势
- ☑ 已确认竞争对手拥有的独特资源

12 SWOT 分析

掌握本公司的优势与弱点

	好影响	坏影响
内部环境	1 S 1. 使用当地新鲜食材 2. 主要提供日式料理，但也能根据需要供应意式或法式料理 3. 建筑物落成至今一年，外观与内装都很新 4. 停车场很大 5. 许多客人因口耳相传的介绍而来	W 1. 开店至今尚未满一年，知名度不足 2. 缺乏吸引回头客的措施或制度 3. 翻台率过低 4. 离车站太远 5. 没有与所属集团的其他企业合作
外部环境	O 1. 店面所在位置不是住宅区，而是商业区 2. 周边有大学，也有许多婚宴会馆 3. 经常举办联谊活动 4. 正值日式料理流行 5. 简约的婚宴可能成为未来主流	T 1. 与婚宴会场合作的聚会增加 2. 接待文化式微 3. 人们的饮食习惯逐渐从外出用餐转变为在家下厨 4. 低价位餐厅增多 5. 注重成本的客人逐渐转变为在连锁店用餐

基本概要

“SWOT 分析”是分析本公司周围环境，进而掌握公司优势与弱点的框架。首先制作以“好影响 ⇄ 坏影响”“内部环境 ⇄ 外部环境”为两个主轴构成的矩阵图，再针对“strength（优势）”“weakness（弱点）”“opportunities（机会）”“threats（威胁）”四个象限进行分析。

内部环境除了人力、物力、资金等资源，也包括经验、数据库等本公司拥有的因素。相对地，外部环境则是世界潮流、业界动向或新闻等围绕在本公司周边的因素。这款框架的特征，就是从“内部与外部”“正面与负面”这两个方面进行观察分析。若想使用 SWOT 分析的结果进一步探讨未来策略，请接着进行交叉 SWOT（请参照→ 34）。

使用方法

准备 [决定分析对象] 决定要分析本公司整体，还是针对公司内的某项业务进行 SWOT 分析。

1 [列出资料] 思考相当于优势、弱点、机会、威胁的因素，想到什么就写下什么。建议使用便利贴或白板来进行，以方便后续整理。

2 [整理] 整理列出的内容，补充不足的部分。有时可以省略重复或较不重要的因素，但最重要的是将列出的因素归类至“好影响或坏影响”。列出的因素对本公司来说是正面还是负面，会随自己设定的基准而异。

3 [调整内容] 请他人给予客观反馈，再调整内容。SWOT 分析不但能分析本公司，也可以借由分析其他公司并加以比较，进行更准确的分析。

促进思考的提问

Q. 本公司在业界的排名为何？

Q. 对其他公司来说压力太大，但本公司却能轻松做到的是什么？

Q. 是否在不知不觉中早已全身心投入某事？

Q. 公司员工在同年纪的朋友面前最引以为傲的是什么？

CHECK POINT

- ☑ 已掌握本公司的优势与弱点
- ☑ 已确认每个因素属于“好影响”或“坏影响”的原因
- ☑ 已掌握机会与威胁

STEP 2

分析客户

站在客户的角度，洞悉客户

“提供什么产品给什么人”是最基本的商业问题。这个步骤会说明针对“产品提供对象”的数据搜集与分析方法。这种一般称为“客户分析”的方法，会以两种不同的视角来进行分析，一种是分析平常使用本公司产品或服务的客户是什么类型，另一种是分析他们是通过什么渠道接触到本公司的产品、服务的。

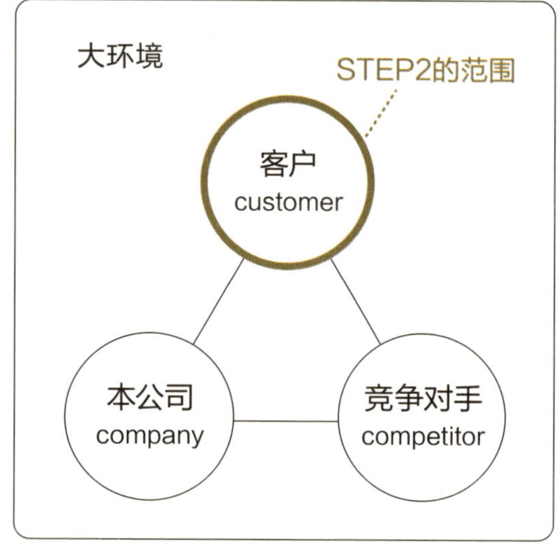

我们的客户是谁

在以第一个视角——“本公司的客户是谁”进行分析之前，请先想想看你是否能回答下列问题。

- 对你的公司而言，客户是什么样的人？
- 客户访问你的公司，是因为有什么样的烦恼？
- 客户是通过什么渠道知道你（或你的公司）并主动上门的？

假如无法回答这些有关客户的问题，就代表你尚未精准掌握客户的形态，因此无法站在他们的角度来思考。这时，我们应该从定量、定性两个方面来将客户相关资料可视化。

首先用帕雷托分析和 RFM 分析来分析客户的状况，再通过人物画像和同理心地图来搜集、整理客户的个人资料。让我们灵活运用各种方法，加深自己对客户的理解吧！

分析客户行为时，不能只看点，必须同时注意线和面

下一步是分析客户接触到本公司产品、服务的过程。

这时必须留意的重点是“客户的行动并非一个点，而是一条线”。客户在体验本公司的产品、服务前后，都会采取某些行动，假如只看购买行为发生的当下，便无法掌握客户需求。

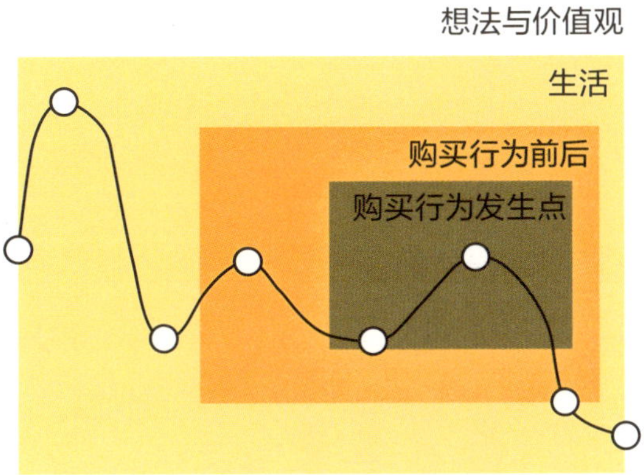

想法与价值观

生活

购买行为前后

购买行为发生点

此外，客户在从“认知”到“行动”的过程中，会经过一些心理阶段。“还算喜欢”和“下定决心要购买”的状态，无论是感受、想法和需求都有所不同。正因为客户的心理状态会变化，企业所应提供的价值也应该随心理状态而改变。

为了设计出有效的策略而需要的客户数据可大致分为两种，一种是关于生活形态（价值观、兴趣、生活方式等）的数据，另一种则是在各心理阶段有什么感受、需求，以及采取何种行动等数据。搜集这些资料并加以分析，是不可或缺的工作。当各位在使用本步骤后半部介绍的框架时，请特别留意客户的“心理”。

数据很重要！但不能光凭资料就做判断

在实际进入分析之前，我想请各位将一件事放在心上。在进行分析时，定量数据是绝对必要的。另外，在这个可以通过网络轻松获取各项数据的时代，分析数据俨然已成为达成目标的关键。话虽如此，事实上还有很多东西光靠数字看不出来，能否掌握数字背后代表的意义也同等重要。

请别忘了在现场实际观察客户、听取客户意见的时光，以及自己亲身使用服务后的感受等“活”的数据。

13 帕雷托分析

掌握大环境变化与关键词

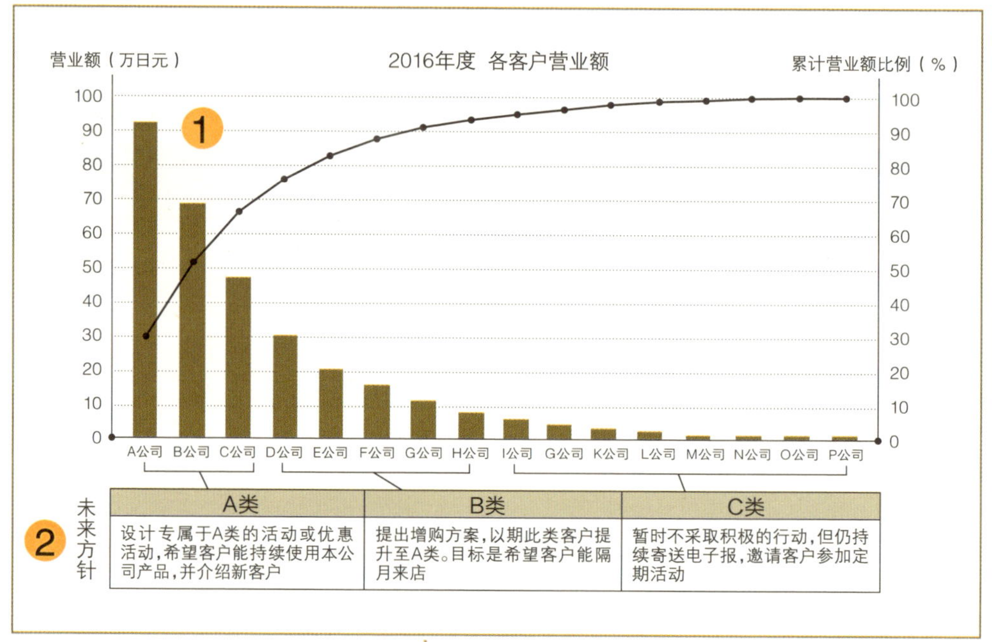

基本概要

由少数人（因素）影响整体大部分的现象，称为“帕雷托法则（Pareto Principle）”，例如客户与营业额的关系、业务员与签约金额等。利用这个概念，思考“对本公司最有贡献的因素为何”“资源应该如何分配”等问题的框架，就是“帕雷托分析”。

当我们想做出利用有限资源获取最大成效的决策，这个框架可以帮助我们找出判断的依据。除了营销、拓展业务，也可以应用在分析客户投诉或不良率，以构思对策之时。

使用方法

1 [搜集数据，将其制成图表] 整理每个客户的营业额，制作成图表。这个步骤应用 Excel 完成。

2 [分类后，思考未来的方向] 整理好数字后，再将客户分类，以构思未来方针。分析每一类的特征与共通点，思考未来方向。原则上，将资源投放在级别较高的类别，性价比也会比较高。

补充 不要只用一个角度来思考贡献的多寡

并非每一个贡献较少的因素都应舍弃，因为这些因素可能对分析项目之外的事有所贡献。例如，即使是营业额较低的客户，只要数量够多，就能成为公司的实绩，替公司赢得社会大众的信赖。此外，客户数量一多，搜集资料的能力也会提升。在策划方针时，请格外留意这些从数字较难看出的层面，慎重做出决策。

促进思考的提问

- 目前资源的分配方式是有计划的吗？
- 将所有客户一视同仁正确吗？
- 级别较低的客户真的就是不需要的吗？
- 目前构思的方向是否具有未来性？

CHECK POINT

- ☑ 评分项目（客户、产品、负责人、营业额、销售数量等）确实符合目的
- ☑ 已掌握客户中的 No.1（级别较高的客户）
- ☑ 有意识地进行分类

14 RFM 分析

分析客户资料，锁定优良客户

客户名称 ID	R：最后购买日	F：购买频率	M：累计购买金额	分数 R	分数 F	分数 M	分数 总计
xxx-xxx1	2017/12/28	8	30,000	5	3	3	11
xxx-xxx2	2017/03/26	1	40,000	1	1	3	5
xxx-xxx3	2017/12/02	25	70,000	4	4	4	12
xxx-xxx4	2017/07/10	14	20,000				8
xxx-xxx5	2017/05/05	7	8,000	1	3	1	5
xxx-xxx6	2017/12/11	40	120,000	4	5	5	14
xxx-xxx7	2017/12/29	42	130,000	5	5	5	15
xxx-xxx8	2017/09/23	4	9,000	2	2	1	5
xxx-xxx9	2017/10/03	18	20,000	3	4	2	9
xxx-xx10	2017/11/24	21	50,000	3	4	3	10

SS 级客户
优先接触

①　②

※总计分数 15 ～ 13：SS 级 / 12 ～ 10：S 级 / 9 ～ 7：A 级 / 6 ～ 4：B 级 / 3 ～ 1：C 级

基本概要

“RFM 分析”是筛选出优良客户并加以分类的分析方法，适用于想配合客户的状况或特性实施营销策略时。

具体而言，是以“recency（最后购买日）”“frequency（购买频率、累计购买次数）”“monetary（累计购买金额）”三个项目作为切入点，将客户加以分类、分析。

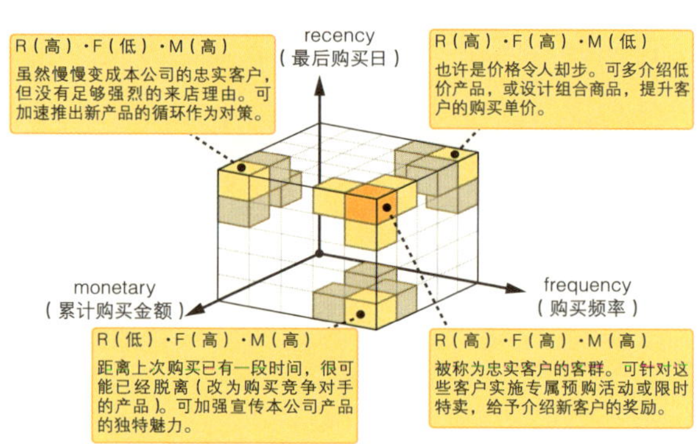

使用方法

准备 [评分栏的定义与指标化] 根据分析目的，设定 RFM 各项目的定义和分析区间，同时将各评分栏设定成能以数字评分的指标，以利后续分类。

	R：最后购买日	F：购买频率	M：累计购买金额
分数：5	曾在一周内购买	31 次以上	10 万日元以上
分数：4	曾在一个月内购买	30 次以下	7 万日元以上
分数：3	曾在三个月内购买	10 次以下	3 万日元以上
分数：2	曾在半年内购买	5 次以下	1 万日元以上
分数：1	曾在一年内购买	仅 1 次	未满 1 万日元

1 [搜集并整理资料] 将搜集完毕的客户营业额数据输入调查表格。在客户一览表中填入 RFM 的各项数值，算出总分。

2 [分类后，评估后续策略和战术] 算出分数后，根据目的将客户分类。可依据 RFM 的总分来分类，也可以将重心放在特定字段或等级上进行分类。分类完毕后，针对各类别思考未来努力的方向，设计具体策略和战术。

促进思考的提问

Q. 有没有最近不再看见（已脱离）的客户？

Q. 提到“老客户”，你第一个会想到谁？

Q. 分数较高的客户所认同的价值是什么？

Q. 该如何把分数较低的客户变成忠实客户？

CHECK POINT

- ☐ 已找出潜在的优良客户（RFM 各项目分数都很高的客户，有很大的可能成为优良客户）
- ☐ 已锁定 RFM 中较容易获得改善成效的因素

15 人物画像

使目标更明确，详细掌握目标

1

姓名	田中佳子	家庭成员	丈夫、女儿 1、儿子 1（女儿就读小学四年级，在学钢琴；儿子就读小学二年级，在学棒球）	视觉印象
性别	女性	居住地	东京都中野区	
年龄	41岁	兴趣	旅行、瑜伽、四处造访咖啡厅	
职业	保险公司业务员	假日休闲活动	在家教人瑜伽、陪小孩学习才艺	
收入	年薪 600 万日元	喜欢的杂志与媒体	女性流行杂志、家饰用品杂志	

主要负责工作	白天四处跑业务，早上和傍晚制作资料或开会。原则上周六、周日休假，但有时会有临时工作	正在挑战的事物	正在学习促进身心健康的感兴趣的事情，如瑜伽、健康料理等
烦恼	对工作很满意，但没有自己的时间。希望有更多时间与孩子同学的妈妈交流、和自己的朋友聚会。愿意做有关促进身心健康的投资	搜寻（联想）关键词	简易食谱、料理相关书籍、正念、能量景点、有机、轻松做家事、美容塑身等

基本概要

“人物画像（persona）”是指以文字描写出使用本公司产品、服务的最具代表性的客户。除了年龄、性别等基本资料，也会搜集并整理客户过什么样的生活、平常接触哪些信息、有什么想法或感受等数据。

设定人物画像的目的通常有两个。第一个目的是深入了解目标客户。想准确定位客户需求，就得站在客户的立场，理解客户的状况和心理。第二个目的，则是减少负责策划的同事之间对目标想象的落差。倘若每个人想象的目标形象皆有所差异，那么工作的每个方面向也都会产生些微落差，而人物画像可以缩小这个落差。

使用方法

准备① ［挑选目标人物］筛选出作为目标的客户，设定人物画像。请找出一位特定的客户来进行设定（可以设定许多人物画像，但在制作一份人物画像时，请锁定一名客户）。

准备② ［进行调查］对当事人及其身边的人进行访谈、问卷调查或观察，搜集资料。应搜集的数据除如下所列，亦可根据需要增加其他项目。

例 应搜集的资料

姓名、性别、年龄、家庭成员、居住地、职业、收入、兴趣、假日休闲活动、喜欢的杂志与媒体、主要负责工作、正在挑战的事物、烦恼、搜寻关键词等。

1 ［整理资料］资料搜集完毕后，便可写下人物概况加以整理。有些人会采用组的形式，先写出人物概况（也就是省略准备②）；使用这种方式时，可在最后进行调查，确认人物概况是否正确。无论如何，我们必须在反复验证假设的过程中不断修正人物概况。请反复进行准备②和1这两个步骤。

促进思考的提问

- Q. 你能针对目标人物举出十项你所知道的事情吗？
- Q. 目标人物想要过什么样的生活？
- Q. 你可以列举出目标人物的三个特征吗？
- Q. 目标人物感到自卑和自豪的体验是什么？

CHECK POINT

- ☑ 已充分文字化，足以勾勒出人物的具体形象
- ☑ 不只想象，也实际观察客户并进行了访谈（有事实根据或资料）

16 同理心地图

掌握目标的状况与心情

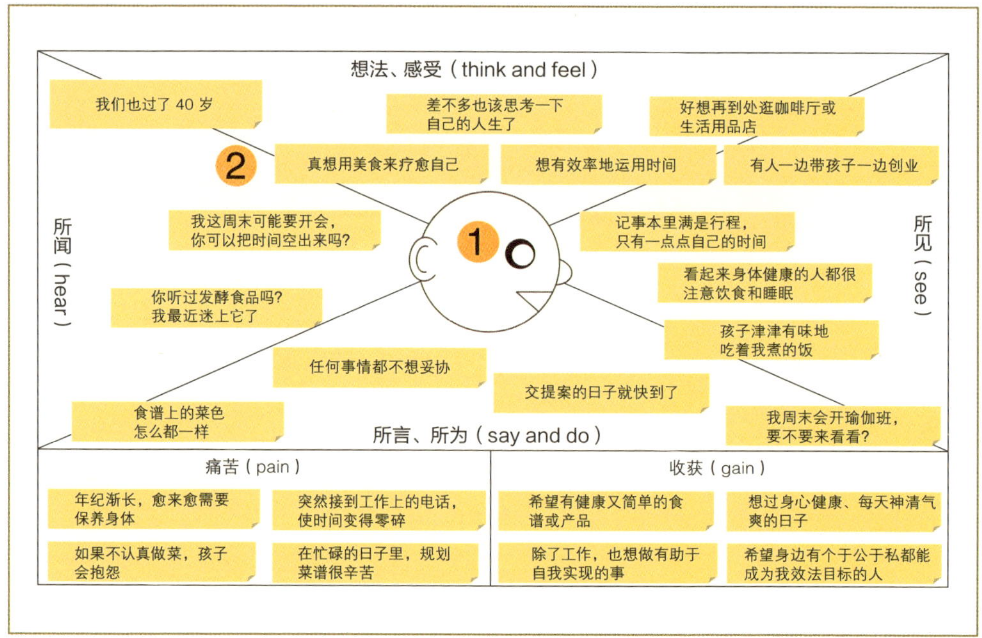

基本概要

“同理心地图（Empathy Map）”是用来理解人物画像（请参照→ 15 ）的状况或情绪的方法之一。在分析目标或设计营销策略时，它有助于我们拥有更具体的概念，同时缩小团队成员对目标人物的认知落差。

可以通过组成工作组的形式提出假设的同理心地图，也可以将实际的分析数据详细填入。但无论采用哪种方式，都应该以同理心地图为基础，继续通过访谈或观察等方式搜集数据，使数据更加完整。

使用方法

1 [设定对象] 设定目标人物。此时可以在左页的图表中央的脸上写下名称或简单的描述，也可以直接贴上照片或图片。

2 [列出因素] 参考下列项目，将目标人物在日常生活中接触到哪些信息、有什么感受与想法全部列出并整理。先想到什么就写什么，之后再补上实际调查后得到的资料。

所见	生活中看见的东西、遇见的问题、接触的人或产品、服务等
所闻	从身边的人或媒体听到的信息等
想法、感受	感情、想法、放在心中无法说出口的话
所言、所为	有什么样的发言、行动、举止等
痛苦	会成为障碍、风险、压力、恐惧等的因素
收获	期盼、欲望、需求、自己设定的成功标准等

促进思考的提问

- 关于目标人物，你知道多少？
- 什么会给目标人物的感官带来刺激？
- 有在其他人的生活中不曾出现的信息吗？
- 目标人物的生活中有没有关键人物？

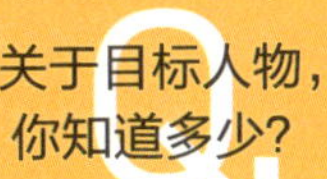

CHECK POINT

- ☑ 制作者（框架使用者）已抛开既有的认知
- ☑ 能同理写出的目标人物（内容具体到可以感同身受）
- ☑ 可以想象目标人物的一天

17 客户体验旅程图

分析客户从认知到采取行动的过程

	① 认知	搜集资料	思考比较	购买试用品	签订定期方案契约
接触点	Instagram 搜索引擎 网站	汇集资料的网站 自媒体文章 电子书	自媒体文章 影片	电商的产品页面 试用品申请页面 Q&A 页面	产品 简介 电商的产品页面
② 行动	在 Instagram 上看见有关发酵食品的文章 ↓ 确认主题标签（hashtag） ↓ 看见许多使用发酵食品制作的餐点照片或文章	为了查询发酵食品的基础知识和发展趋势，看了许多产品网站以及分析比较的文章 ↓ 下载电子书，确认发酵食品一览表	搜寻发酵食品食谱 ↓ 看文章和影片 ↓ 订阅影片频道，定期收看	在产品页面确认价格和详细产品内容 ↓ 研究试用品、退款制度，以及看网友评价 ↓ 申请试用品	实际使用单独购买的试用品 ↓ 阅读和试用品同时寄来的简介 ↓ 在官方网站产品页面订购定期方案
③ 心理状况	↑好像很健康。如果很简单的话，我也想试试看 ↓很可能会嫌麻烦，最后只是“三分钟热度”	↑似乎真的很健康。产品种类好像很丰富 ↓种类太多，不知道该尝试哪种好	↑适合配饭的菜色看起来制作很方便 ↓已经忙到没时间，要是很费时的话就不想做了	↑可以轻松变化，不会弄脏盘子这点很棒 ↓定期方案虽然很方便，但如果不合口味就很讨厌	↑每个月定期送货上门真方便 ↓会不会在定期方案还没结束前就吃腻了
④ 需求	发酵食品究竟是什么?	从什么开始尝试才好? 挑选的基准是什么?	有没有简单一点的食谱？	想实际吃吃看!（想试用看看）	想多知道一些变化!

基本概要

“客户体验旅程图（Customer Journey Map）”是用时间序列，将目标人物在购买本公司的产品、服务之前的体验过程，以图示呈现出来的方法。它可以让我们站在客户的角度，掌握他们达成目标前的感受与行动。除了客户分析，也可应用在营销策划或产品研发等各层面。

在写下客户的体验过程并加以整理的过程中，最重要的是将客户各阶段心理状态中的负面因素可视化。因为只要设计出能克服该负面因素的方案，让客户顺利进入下一个阶段，就能使营销策略成功。分析完毕，就要开始具体思考能满足客户心理状态和需求的方法。

使用方法

1 [写下体验过程] 将目标人物的体验过程大致分为几个阶段，逐一列出。先设定目标（在左页范例中是“签订定期方案契约”），再写出达成这个目标前的过程，便能贴着主轴完成整理。

2 [写下行动与接触点] 仔细写下目标人物在各阶段的行为与当时的接触点（touch point）。

例 应搜集的资料
网站、自媒体、app、预约系统、门店、人、传单、优惠券等。

3 [写下心理状况] 写下目标人物在各阶段的感受、想法等心理状态。通常会有正面与负面心理并存，重要的是不能遗漏负面因素。

4 [写下需求] 写下目标人物想要的东西、事情、资料或目前的烦恼。分析完毕后，下一步就是具体思考能满足此需求的方法。

促进思考的提问

- 你能不能描述客户的体验过程？
- 该如何搜集负面心理状况的案例？
- 客户在想什么？
- 换作是你，会有什么感受？

CHECK POINT

- ☐ 客户在一连串过程中做出判断的时间点和判断的重点，皆已可视化。
- ☐ 体验过程是连续的，没有跳跃。

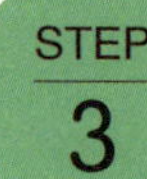

STEP 3 分析竞争对手

通过了解竞争对手来了解自身公司

这个步骤将介绍分析竞争对手的框架。竞争对手就是通过直接或间接方式与本公司针对相同目标提供价值的组织。思考本公司想达到的目标时，竞争对手的资料是不可或缺的。在这里，我们一样会从“对本公司而言，竞争对手是谁”以及“竞争对手在做些什么”两种视角来进行分析。

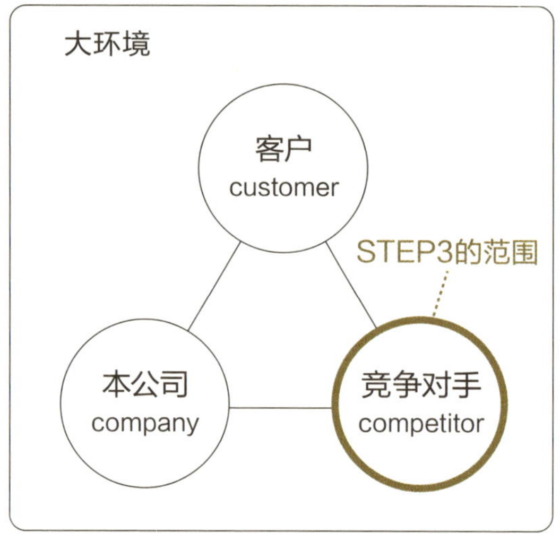

分析的目的为何

之所以分析竞争对手，固然是为了熟知竞争对手的策略、优势和弱点，但事实上还有比上述更重要的目的，就是“借由分析竞争对手，来掌握本公司应该做些什么”。只要知道现在谁在做什么、没做什么，就能明确掌握本公司现在应该做的事。

以产品研发为例，我曾看到过都已经把脑中的创意转化为产品、服务，开始投入制作了，才通过网络分析竞争对手，想办法在营销和宣传上与对方做出差异的例子。这样的顺序是完全颠倒的。一般自然的流程，应该是先掌握目前有谁正在做什么等资料，并考虑时机是否适合，接着决定本公司接下来的大致走向，再思考具体的策略。

实际分析竞争对手时，首先必须“明确掌握竞争对手是谁”。请先整理出竞争对手一览表，再逐一深入探究。

分析竞争对手时，应将调查项目拆开思考

如前所述，进行分析时的关键，是将构成分析对象的因素加以拆解，锁定调查项目或调查目的，在分析竞争对手时也一样。请把竞争对手的经营资源和运营过程拆解开，分别审视其整体和各个部分。

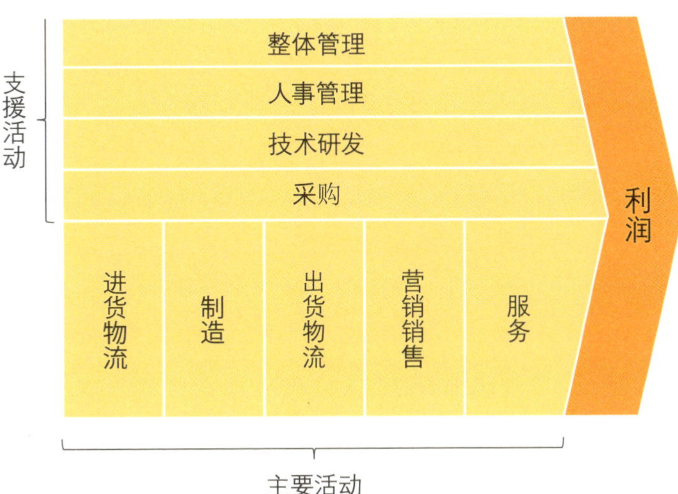

右图为价值链（Value Chain），是可将企业提供给客户的价值连锁可视化的框架。在这个框架中，我们会将直接对客户提供价值的“主要活动”与支持主要活动的内部“支援活动”分开思考。

我们会分析在竞争对手的事业中，属于主要活动的进货物流、制造、出货物流、营销贩卖、服务等各项活动，均是以什么样的流程进行的；在每个活动中，具体又实施了哪些策略。应用价值链所进行的分析，称为“价值链分析”，详情容后详述。此外，接下来还会利用分析事业核心，也就是将什么内容（提供）给什么对象的“4P+提供内容与对象分析”以及分析其他公司无法模仿的资源的“核心竞争力分析”等框架，逐步分析竞争对手持有的资源。

这个步骤所介绍的分析竞争对手的框架，如果用在本公司，就能成为分析本公司的工具。请灵活运用各种框架，自行思考哪些项目必须分析，而为了分析这些项目，又应该采取何种分析手法才适当。

18 4P 分析

分析竞争对手的营销策略

① 产品 Product	• 由设计公司提供制作数据服务 • 针对想将业务资料或策划提案外包的企业
② 价格 Price	• A 方案：100,000 日元/月（工作量在 10 小时内） • B 方案：300,000 日元/月（工作量在 50 小时内）
③ 渠道 Place	• 客户几乎全是从网络得知［搜索引擎优化］ • 以日本大阪为据点，在关西地区会以传统方式推广业务
④ 促销 Promotion	• 以公司媒体提供有关制作数据或节省时间的"know-how" ※在制作数据相关的关键词搜寻排名中占据大多数 • 经营在线学习社群

基本概要

"4P 分析"是通过"product（产品）""price（价格）""place（渠道）""promotion（促销）"四个因素分析或设计营销策略的手法。

设计本公司的营销策略时，可以与 STP（请参照→ 35 ）结合，评估要用什么方法、提供什么东西、给什么人。分析其他公司时，则应确认每一项因素，找出该公司的意图与本公司的竞争优势。

在四个因素中，最多样化的是 promotion。包括营销、宣传、品牌策略、社群经营等，每种手法都已得到彻底的研究，并广泛地被混合应用。在找出自己擅长方法的同时，也应该掌握趋势。

使用方法

1 [确认产品] 确认竞争对手推出的产品、服务的相关信息。搜集“对方提供什么样的产品、服务”“有什么特征”“最受欢迎的部分是什么”等资料。

2 [确认价格] 确认竞争对手的产品、服务的价格。除了产品单价，也要调查整体的价格区间，以及组合商品等策略。此外，如果能和业界整体的行情做比较，就更容易掌握竞争对手在业界的定位。

3 [确认渠道] 确认竞争对手提供产品、服务给客户时所用的渠道相关资料。应搜集的数据包括门店所在位置、是否提供配送服务、有没有电子商务平台、客户在哪里得知该产品或服务以及在哪里购买等。

4 [确认促销] 确认竞争对手为了让客户接触其产品、服务，采用哪些策略。应搜集的数据包括促销活动、广告、营销、宣传、与使用者的沟通渠道及沟通频率等。

促进思考的提问

Q. 什么是营销?

Q. 营销产品的共通点是什么?

Q. 一般价格行情是多少?

Q. 促销手法的趋势是什么?

CHECK POINT

- ☐ 已彻底理解竞争对手营销策略的着力点（特征）
- ☐ 已将竞争对手的成功因素和失败因素可视化
- ☐ 已确认不止一家竞争对手

19 4P+提供内容与对象分析

大致整理各竞争对手的策略

	① 本公司	竞争对手A	竞争对手B	竞争对手C
对象（目标）	30～49岁 高标准的女性	16～25岁 以大学生为主的年轻人	20～39岁 经济独立的独居女性	30～49岁 妈妈（主妇）
内容（提供的价值）	适合追求高品质客户的精选商品	符合最新潮流的穿搭 ②	成为率性女性的元素	全职妈妈的时尚生活
产品 Product	精选国外时尚单品	大量推出符合潮流的产品	展现女强人特质的时尚单品或相关产品	注重功能性的时尚单品
价格 Price	比市价稍高一些	多为低价产品。可从网络订购	主打中价位产品	大部分产品的单价都略低于市价。 采用红利点数制度
渠道 Place	国外产品和流行趋势是强项	与许多品牌合作，进货能力强	门店位于车站出口，宣传能力强	设置移动型的简易商店。也会与大卖场合作
营销 Promotion	定期推出免费流行咨询	拥有大型自媒体。具有网络集客能力	邀请网红举办讲座	与当地的妈妈社群合作

基本概要

“4P+提供内容与对象分析”是用于以营销观点调查竞争对手时的框架。这个框架针对六个项目搜集数据并进行分析，也就是4P（请参照→18）所包含的产品、价格、渠道、营销之外，再加上对象（目标）与内容（提供的价值）。在调查这六个项目的过程中，也可以评估本公司应采取什么定位。

另外，在这六个项目中的内容（提供的价值），并非指肉眼可见的产品、服务，而是企业在本质上提供客户的价值或对策。例如，咖啡厅提供的咖啡是产品（product），而“一个可以放松的空间”则是更根本的价值，也就是这里所说的“内容”。

使用方法

1 [设定调查对象] 挑出欲分析的竞争对手并填入表格。也可加入本公司，制成本公司与竞争对手的比较表（参照左页范例）。

补充 **这时最重要的是，明确制订出挑选调查对象的基准和范围**

在左页的范例中，分析对象是服饰推荐店（select shop）。除非有特殊意愿，否则请避免设定过于抽象的基准。假如设定了类似“锁定女性客户群体的零售服务业”这样的基准，那么调查内容将会出现很大的偏差，对分析毫无帮助。请明确掌握本公司的定位，设定一个可搜集到所需资料的范围即可。

2 [进行调查、整理数据] 分析对象整理完毕后，便可调查各项目的数据，包括客户访谈、风评调查、现场（门店或设施）观察、产品款式、促销商品或广告等。有关从外部难以掌握的数据，可以亲自去体验竞争对手的营销策略。

促进思考的提问

- Q. 目前业界的势力分配为何?
- Q. 其他公司有没有令你感动的产品或服务?
- Q. 客户是否感到满意? 为什么?
- Q. 公司要如何才能成为业界No.1 ?

CHECK POINT

- ☐ 主要的竞争对手都已列出，没有遗漏
- ☐ 包括亲自走访现场掌握的资料
- ☐ 已大致掌握各竞争对手的营销策略

20 价值链分析

拆解并分析事业的运营流程

1	进货物流	制造	出货物流	营销贩卖	服务
小程序①	选定材料、零件 具备挑选材料所需的丰富知识 2	零件加工 可承接小规模加工订单	配送与管理 拥有多个大型仓库，可管理大量库存	宣传广告 预算充足，具备善用媒体广告的知识	客服 除了现场和电话，网络上也有Q&A网站
小程序②	配送 没有特别的优势	组装 可快速自动化大量生产与组装	配送至门店 产品在各分店之间流通，取得平衡	门市的产品陈列 在产品陈列、摆设上花心思	售后服务 提供业界首屈一指的售后服务
小程序③		品管 具有品管技术与体制相关的专业知识		产品说明 由专门负责解说的店员向客户仔细说明，亦可现场体验	
小程序④				付费方式 原则上接受各种付费方式，亦可贷款	

基本概要

“价值链”是将企业提供客户的价值连锁（关联）可视化的方法，我已经在前面大致说明（参照 STEP 3 说明）。活用价值链，分析本公司与其他公司的方法，就是价值链分析。将各活动分开思考，便能仔细分析竞争优势和每个活动的成本与贡献多寡。

价值链分析有各种形式，本书主要着眼于价值链中的“主要活动”，为你介绍分析竞争对手活动的框架。首先分割主要活动，把各活动分解成下一层级的“小程序”，再分析每个活动的特征和带来竞争优势的因素。

使用方法

① [将价值链可视化] 分析的第一步是掌握价值链。由于每个行业的价值链都不同，我们必须将本公司所属行业的主要活动部分加以视觉化（左页为制造业的范例）。

例 通讯业与零售业的价值链

通讯业	设置硬件	推销	签约	服务	付费	追踪
零售业	设置硬件	进货	宣传	门市配合	销售	追踪

② [搜集资料与分析] 深入挖掘各活动的程序。搜集细分后的活动程序名称和该活动的内容与特征的相关数据，并加以整理。如果想一次比较多个企业，可以简洁整理出各活动流程的特征，制成一览表。

促进思考的提问

Q. 提供价值的活动中，客户最在乎哪一流程？

Q. 属于同一业界，但价值链不同的企业有哪些？

Q. 较易展现出独特性的活动流程是什么？

Q. 被选为分析对象的企业如果消失了，会对谁造成什么样的困扰？

CHECK POINT

- [ ] 已掌握业界的价值链
- [ ] 已掌握各活动特别花心思的地方和所需的成本
- [ ] 已整理出每个竞争对手的特征

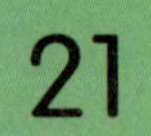

21 核心竞争力分析

了解其他公司的强项，分析本公司独特的优势

		本公司	A公司	B公司	C公司
产品能力	产品、服务研发数	40	80	40	40
	研发速度	50	70	50	40
	产品市场占有率	40	70	50	30
策划能力	研究能力	60	60	50	60
	计划能力	70	40	50	70
	培养客户能力	80	30	40	70
业务能力	业务员人数	30	40	60	80
	策划提案能力	60	50	70	80
	客户名单数	60	60	80	70
支持能力	客服人数	60	40	60	50
	后续追踪能力	80	30	70	60
	客户满意度	70	50	50	60
综合得分		700	620	670	710

基本概要

“核心竞争力（Core Competence）分析”是用于分析在提供价值给客户的能力当中，其他公司无法模仿的核心竞争力的框架。也就是通过与竞争对手的比较，分析出其他公司无法模仿的强项。

在上述范例中，我将产品能力、策划能力、业务能力、支持能力设定为大项目后，再往下细分，共计使用十二个项目来分析。核心竞争力分析锁定提供客户价值的能力的相关因素，其他如“远程办公制度让员工可以一边带小孩，一边发挥特长”“拥有完善的实习制度”等内部强项，即使是企业价值之一，也不列入核心竞争力分析。

使用方法

1 [设定分析项目] 在最左列填入分析项目。尽量设定可量化的定量项目，之后的调查、分析便能进行得更顺利。

2 [设定调查对象] 设定调查对象。在第一列填入本公司，在第二列之后填入竞争对手，制成一览表，就能轻松比较。设定调查对象时，通常会有直接竞争对手、间接竞争对手、相关企业等多个选项，请自行挑选符合分析目的的公司。

3 [进行调查] 实际搜集资料并分析。如果是由多名成员一起进行，请事先协调评分标准。如果不知道该如何设定评分标准，建议使用 VIRO 分析（请参照→ 11）（例如，本公司的研发能力是否难以效仿）。

4 [整理核心竞争力] 最后整理出“各企业的核心竞争力在什么地方”“要结合什么特质对本公司比较有利”等资料。

促进思考的提问

Q. 其他公司有没有什么独特的创举?

Q. 各公司的强项和弱项分别是什么?

Q. 和拥有什么强项的公司合作才对自己有利?

Q. 对象企业长期累积的是什么?

CHECK POINT

- ☑ 可通过数字看出竞争对手的强项
- ☑ 已找出各公司强项的源头（之所以是强项的原因）
- ☑ 与其他公司比较后，已明确掌握本公司的核心竞争力

专栏 彻底了解定量、定性的差别

第2章介绍了许多有关分析的框架，其中“定量”和“定性”这两个词汇出现了很多次。搜集、分析资料时，必须先掌握两者的不同，接下来我想补充说明其意义。

定量与定性的差异

定量就是可以用明确的数值或数据等“数字”呈现的因素，例如营业额、销售量、员工人数、客户数量、价格、比例、变化率等。定量思考能明确呈现出以数字事实为根据，且任何人看见都能立刻获得共识的因素。

定性则是与无法通过数字表达的“质”相关的因素。定性思考可以明确呈现出目的、目标、原因、关联性、意义和脉络等。

定量与定性两种观点缺一不可

前面说明了定量与定性的不同，而这两种观点并非只需拥有其一即可，最重要的是必须懂得区分。

例如在分析“竞争对手A公司的营业额不断成长”时，用定量资料思考，就是“竞争对手A公司的营业额每个月成长5000万日元”。倘若只看“营业额不断成长”，便无法得知这件事是否构成威胁（是否应该重视它），想必各位应该可以体会到填入数字的重要性了。

如果再继续剖析同一个例子，便可发现“新产品的促销广告深受20～29岁女性喜爱，在口耳相传下，竞争对手A公司的营业额每个月成长5000万日元”。光看“营业额每个月成长5000万日元”，其实无法理解其理由或背景和未来动向，很难评估自己接下来应该做什么，由此可知搜集定性资料同等重要。

进行分析时，请时时提醒自己“是否已通过定量和定性这两个观点审视了”！

思索课题的解决方法

不设限地抛出创意

思考能引发创意的选项

在这个步骤，我们要来思考激发创意的方法。整体而言，第 3 章的顺序大致是发挥创意、塑形、评分、选择。首先，我将介绍许多有助于达成“抛出创意”这个目的的框架，请各位保持灵活思路，快乐地多方尝试。

创意的发散与收敛

激发创意的过程，可分为发散与收敛。

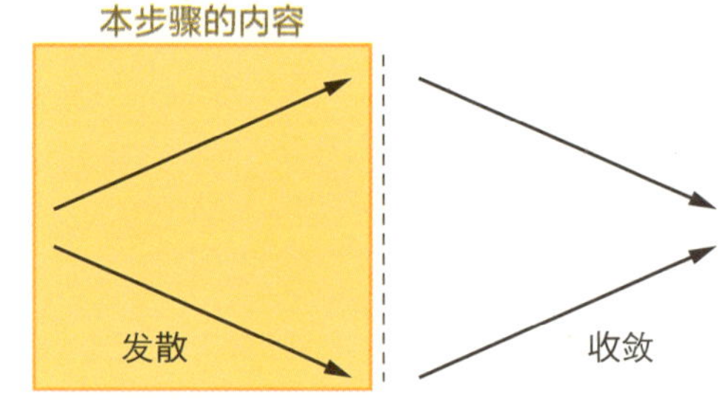

“发散”是吸收信息、理解、拆解，再自由发挥创意的步骤。这阶段不需要太讲究创意的“质”，请把重点放在“量”上。这时要求的是不设限，不受现状、前提或常识束缚的灵活创意。当你负责安排脑力风暴活动时，请努力打造让每个人都能尽情发挥创意、可以放心发言的环境。

相对于发散的“收敛”，是将发散后的创意整理、分类、组合，琢磨出可具体应用的形态。这时要求的是能从发散的创意中筛选出重要因素，并将抽象信息具体化的能力。

我们会不断重复发散与收敛，直到找出有助于达成目的的创意。在本章第一个步骤“不设限地抛出创意”这个主题中，主要挑出的是能在发散阶段发挥优异效果的框架。首先请抱着“提出各种可能激发创意的选项”的心情，试着应用各种框架。此外，有关激发创意，除了本书所介绍的方法，还有许多其他方式，希望你也务必一并学会，培养思考创意的乐趣与思考能力。

激发创意的两个方向

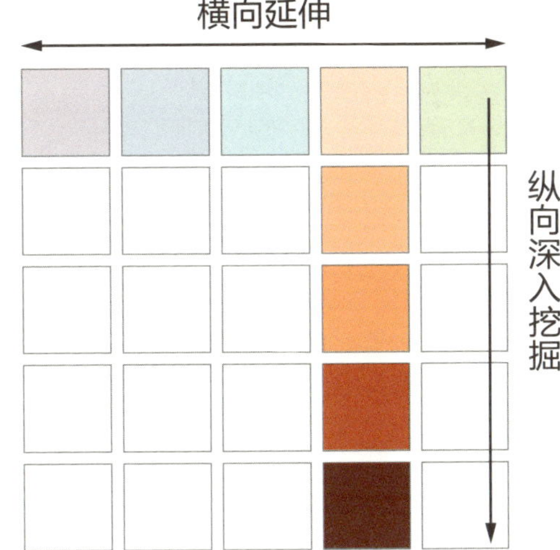

思考发散的工作可分为两种类型，一种是从主题或关键词向横向延伸，另一种是锁定某个重点，纵向深入挖掘。同样地，这两种想法也必须兼顾，不能只偏重某一方。

横向延伸思考的意思，是针对某个主题思考“可以想出哪些切入点”，以列出多个可作为切入点的选项。当创意不断向横向延伸，有时也会浮现与课题毫无关联的想法。

锁定某个重点纵向挖掘（深入探究），是以自己感兴趣的特定因素或关键词作为起点，思考相关信息，试着置换其他词汇，提升数据密度的思考方式。

先向横向延伸，再锁定感兴趣的重点深入思考，或是锁定感兴趣的重点深入思考之后，再试着向横向延伸——思考的顺序会随着时间、场合或自己擅长的事物而改变。发散阶段最重要的是同时进行横向延伸与深入挖掘，从不同方面审视资料。

先求量再求质，尽量多列出选项

接下来就要实际应用有关激发创意的框架了，而如前所述，在这个步骤请牢记“质重于量”。因为必须先达到某种程度的量，才能获得以往不曾出现的构想。请花点心思打造一个能增加“量”的环境，有时甚至可能需要安排与平常不同的环境。此外，也请多方请求成员协助，借助各种视角、经验与知识来激发创意。

头脑风暴

从别人的创意中获得灵感

主题

① 崭新的主题乐园

②	可免费入场	适合“银发族”	更贴近生活
③	使用十次后， 可换得一次免费入场	不会太刺激， 但一样好玩的游乐设施	小规模
	转发信息给众多朋友， 即可免费入场	无障碍设施完善	主题贴近生活， 如学校的学科
	Twitter的关注超过 10000人，可免费入场	刻意让游客全身活动 （促进健康）	适合喜欢数学的小学生的 理科主题乐园
	即使没有实际到场 也可通过社群网络游玩	必须手脑并用的 健康游乐设施	必须活动身体的 科学馆
	实况转播	回忆过往	利用数学相关游戏 进行对战

基本概要

“头脑风暴（Brain Writing）”是类似传阅布告事项的框架，参与者将表单依序传递，借前一个人的点子来延伸自己的思考。这个方法的好处除了通过强制延伸思考，以确保“量”之外，还可让不擅长发言的伙伴也能轻松参与。

独享附录中的模板默认由六名成员进行，不过五人以下也可以。另外，从“参考前一个人的点子，写出自己的创意”这一点而言，接下来介绍的“曼陀罗九宫格”也可以使用相同方式进行。

使用方法

1 [设定主题] 发给每人一张空白表单，并设定头脑风暴的主题（全员共用同一个主题）。左页范例的主题是“崭新的主题乐园”。如果想获得更具体的创意，也可以在设定主题时多花点心思，例如“增加主题乐园暑期游客人数的方法”等。

2 [在最上列凭直觉写下第一个想到的点子] 针对这个主题，每个人各自在表单的第一列写下最先浮现在脑海中的点子。可限时每列只能思考 3 ～ 5 分钟。当第一列的书写时间结束，便将表单传给旁边的人。参会者可以坐成圆形或方形，以方便传给下一人。

3 [在下一列写下脑海中浮现的事物] 参考前一人传来的表单内容，在下一列填入自己的点子。可以顺着前一个点子延伸，也可以写下新的创意。重复“填入点子→传给下一人”，直到填满表单。列数就是传递的次数，请视情况调整表格。

促进思考的提问

- 邀请谁加入效果最好?
- 在会议上不常发言的伙伴有什么意见?
- 与主题相关的重要关键字是什么?
- 能否加入一些趣味游戏?

CHECK POINT

- ☐ 职权或个性较不同的伙伴已加入头脑风暴
- ☐ 每个参会者皆以独特视角提出不同的点子
- ☐ 已出现可进一步发展为策略或战术的点子

23 曼陀罗九宫格

通过关键字联想来激发创意

纪念照	回忆	七五三*	无人机	YouTube	回忆影片	体验	免费图库	摄影技巧
照相馆	拍照	料理	制作电影	制成视频	产品介绍	商用图片	贩卖	写真集
出差摄影	结婚典礼	约会	拍影片	幻灯片app	婚礼录像	相册	明信片	相框
化妆	Photoshop	修图app	拍照	制成影片	贩卖	摄影棚	销售系统	相片档案
加入文字	修图	滤镜	修图	相片相关服务	出借	摄影师	出借	品牌
促销商品	可爱	粉彩	办活动	呈现	中介	相机	相关道具	服装
摄影课程	摄影爱好者聚会	摄影比赛	打造品牌	摄影展	历程档案	C2C相片销售	挖掘摄影师	历程档案平台
附相片的履历	办活动	图库	在IG上引人注目	呈现	社群网站	摄影师媒合	中介	安排模特
时装秀	模特体验	相机特卖会	展示	艺术	大头贴	著作权保护	产品推广店铺	新闻稿

基本概要

“曼陀罗九宫格”是将主题写在九宫格的中央，再把从主题联想到的创意或关键词写在周围格子里的框架。这款框架的好处，是借由固定的格子数，强制我们想出某个数量的点子。在过程中，我们会摸索这些关键词对构思新点子有没有帮助。

在这里，我将它视为一种激发创意的方法，但在想延伸思考范围，也就是列出问题或课题的因素、设定目标，或思考自己想做什么时，都可以灵活应用。曼陀罗九宫格最大的特色，就是一口气将大量关键词可视化。

※ 七五三是日本的一个传统节日，在孩子三岁（男女）、五岁（男孩）、七岁（女孩），要举行祝贺仪式，保佑孩子健康成长，于每年11月15日庆祝。

使用方法

1 [设定中央的关键字] 在正中央的格子写下主题或关键字。左页范例的目的是照相馆想推出新服务，因此将“相片相关服务”设为中央关键字。

2 [写下联想到的关键字] 在周围的八个格子里写下从中央关键字所能联想到的关键字。

3 [再写出从这里联想到的更多关键字] 在2写下的八个关键字周围的八个格子里，再分别写下从它们所能联想到的关键字。

补充 可自行添加巧思

曼陀罗九宫格有时只会使用九个格子进行，有时也会像范例一般使用八十一个格子，请根据自己所需的资料量来决定格子的数量。此外，除了一个人单独填写一张，也可以多人合写一张，请自行灵活运用。

促进思考的提问

Q. 有没有至今从未想到过的方面？

Q. 如果换作别人，可能会写什么呢？

Q. 可以只用名词（或动词）来填写吗？

Q. 已经到极限了吗？（想不出来之后才是胜负的关键！）

CHECK POINT

- ☑ 所有格子皆已填满（现阶段质重于量）
- ☑ 已掌握所有与主题相关之关键词的大致印象
- ☑ 已找到想深入探究的关键词

24 形态分析法

将主题分解成变数，激发创意

① 主题：崭新的图书馆

②	气氛	地点	功能
因素1	开放式的气氛	车站附近 ③	租借书籍
因素2	像咖啡厅轻松惬意	偏僻地区	提供场地
因素3	像旧书店能勾起好奇心	商业街 ④	举办活动

基本概要

在“形态分析法（Morphological Analysis）”中，我们会针对主题或课题一一写出构成它的变量，并举出各个变量的因素。接着将这些因素组合起来，化为创意。

右图是使用形态分析法针对崭新的图书馆进行思考时的示意图。如图所示，形态分析法是以三个主要变量（范例中是气氛、地点、功能）为轴，用立体的概念进行思考。

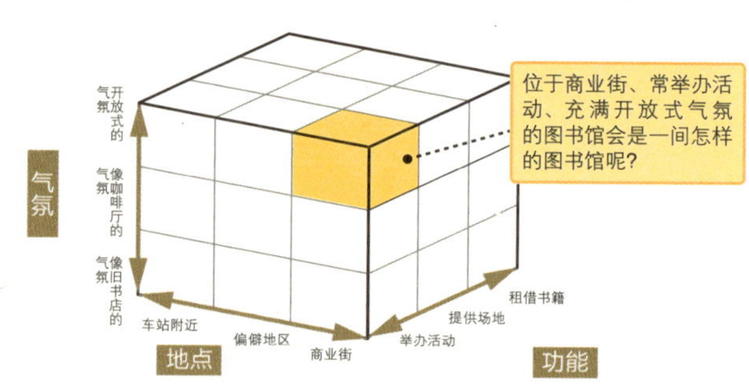

使用方法

1 [设定主题] 设定想获得创意的主题。左页范例设定的主题是“崭新的图书馆”。

2 [设定变数] 设定变数，也就是左页范例中的气氛、地点、功能。选择变数的基准，是对主题的影响大小。既然主题是“崭新的图书馆”，那么应该还会有藏书量、借阅系统等其他变数，然而变数太多点子就会暴增，因此我建议原则上设定三个，限制在五个左右为宜。

3 [列出因素] 针对每个变数写出其因素。在范例中只有三个，但实际进行时，请不要对质或量设限，尽量写出来。

4 [制作创意] 将写下的因素合成创意。例如将“开放式的气氛”“商业街”“举办活动”组合起来，思考“位于商业街、常举办活动、充满开放式气氛的图书馆，会是一间什么样的图书馆”。

促进思考的提问

Q. 你能改变变数的组合吗？

Q. 想出新点子的秘诀是什么？

Q. 有没有想厘清的关键字？

Q. 你能更具体地举出因素吗？

CHECK POINT

- ☐ 已掌握构成主题的变量为何
- ☐ 已找到足以成为新点子核心的因素
- ☐ 能将因素加以组合，并说明一个点子

25 脚本图

通过思考故事，激发创意

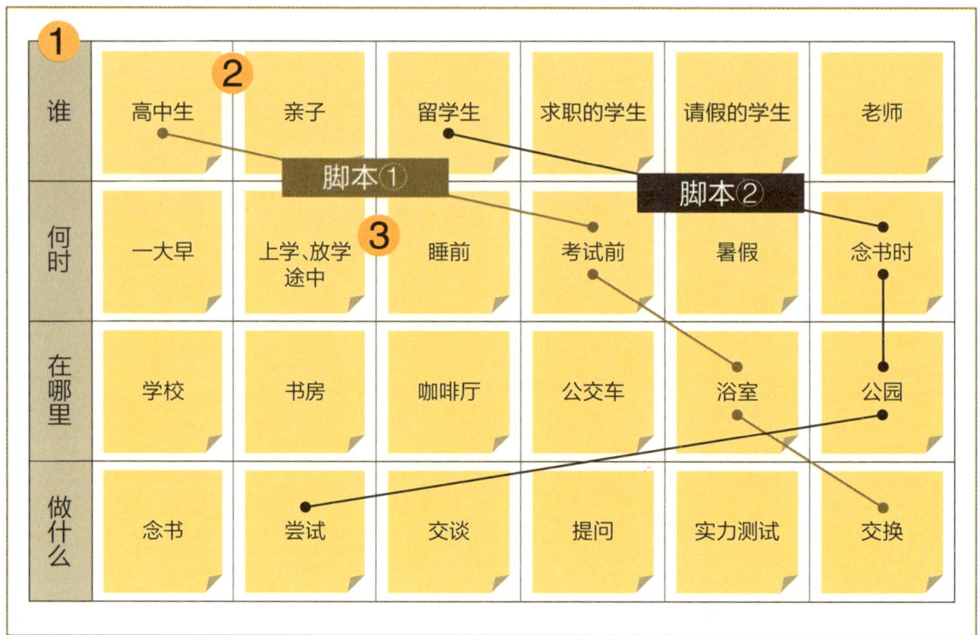

基本概要

在“脚本图（Scenario Graph）”中，首先要针对“who（谁）”“when（何时）”“where（在哪里）”“what（做什么）”四个变量分别列出因素，再通过创造故事（脚本）来激发创意。这款框架适合想法已落入窠臼、想不出新点子时使用。

它的好处是通过随机挑选的因素来描绘故事，可以获得平常想不到的灵感。正因如此，列出因素时最重要的是必须跳脱常识的束缚。广邀想法不同或负责业务不同的伙伴加入，效果会更好。

使用方法

1 [设定变数] 设定变数。脚本图最基本的就是“谁”“什么时候”“在哪里”“做什么”四个变数。习惯后，也可以应用6W2H（请参照→ 02 ）的项目。

2 [列出因素] 针对每个变数列出因素。左页范例的主题是“适合学生的英文学习 app”；在范例中，每个变数都列出了六个因素，但实际使用时，请尽可能多列出一些（如果数量太少，很可能无法跳出平常思考的范围）。因素过少时，可以运用曼陀罗九宫格（请参照→ 23 ）来帮助延伸思考。

3 [挑选因素，化为创意] 随机挑出在2中列出的因素，创造故事。例如挑选“高中生”“考前”“浴室”“交换”，就用这四个因素来创造故事脚本。

促进思考的提问

- 现有的产品是由哪些因素组合的?
- 令人印象深刻的变数有哪些?
- 有没有你从未想过的关键字?
- 能替因素加上形容词吗（如，高中生→喜欢流行时尚的高中生）?

CHECK POINT

- 各变量的因素数量皆已足够（也可以将目标设定为“最少十个”）
- 将因素加以组合后，能说出故事并想象场景
- 已想出三个以上的故事

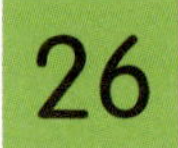

奥斯本核验表

利用九个问题获得新观点

主题（关键词或点子）

 电影院

能否做其他用途?	能否应用?	能否改变?
・在电影院举办时装秀 ・在电影院做简报 ・把电影内容当作教材	・让个人也能制作电影，就像出书 ・电影院专属的传媒服务	・在电影院播映连续剧 ・播映以前的作品 ・试着改为定额制
能否扩大?	**能否缩小?**	**能否取代?**
・24 小时营业 ・将上映的电影数量增为两倍 ・打造儿童专用屏幕	・大小如 KTV 包厢 ・专门锁定某些类型的电影 ・拆除座椅，让观众躺着看	・在公园的墙面上放映 ・在智能手机上放映 ・在音乐厅放映
能否重整?	**能否颠倒?**	**能否结合?**
・举办讲座，谈谈有关接下来即将制作的电影 ・推出早场	・请观众制作电影 ・在明亮空间边聊天边看电影 ・试着改为赞助制	・与咖啡厅合并 ・与 DVD 商店合并 ・与在线影音机构服务合作

2

基本概要

思考点子时，偶尔会在“希望能再多点巧思”的阶段停滞，有时也希望能想出前所未见的崭新点子。然而，倘若一直都从同一个角度出发，是无法想出新点子的。这时最能派上用场的框架，就是用“其他用途（other uses）”“应用（adapt）”“改变（modify）”“扩大（magnify）”“缩小（minify）”“取代（substitute）”“重整（rearrange）”“颠倒（reverse）”“结合（combine）”九个问题来获得新观点的“奥斯本核验表（Osborn's Checklist）”。

从“核验表”这个名称应该就能联想到，此框架最方便的是将问题列表随时准备在手边，一旦没有灵感，就能拿出来使用。后面的使用方法将介绍问题的切入点，请一一尝试，思考有没有延伸的可能。

使用方法

1 [设定主题] 设定主题，大概思考一些点子。例如，想改良本公司的产品，就先整理好该产品或服务的概要。

2 [通过九个问题发挥创意] 通过九个提问，针对前面设定的主题，用全新的观点抛出点子。可参考以下范例。

例 问题类型

问题类型	提问
其他用途	能否转做其他用途？有没有别的用法？有没有新的用法？
应用	能否应用？有没有类似的点子？能不能应用其他点子？
改变	能否改变？能否试着改变颜色、形状、设计、样式、目的、意义？
扩大	能否扩大？能否将其变大、拉高、拉长？能否提升其附加值、频率、比例？
缩小	能否缩小？能否将其变小、变薄、变短？能否减少功能、数据？
取代	能否取代？能否用其他素材、人、物、地点、方法来取代？
重整	能否重整？能否将因素、顺序、配置、零件、流程等加以重整？
颠倒	能否颠倒？能否颠倒上下、左右、前后、内外或顺序、想法？
结合	能否结合？能否试着结合新旧或完全相反的因素？

促进思考的提问

Q. 现有的点子还有多少空间可以延伸？

Q. 你了解多少有关主题的历史？

Q. 你的想法多为哪种类型？

Q. 你不太会想到的是哪些类型的想法？

CHECK POINT

- ☑ 已获得对主题提出新疑问的观点
- ☑ 已加深对主题的理解
- ☑ 已找出多个让创意延伸的方向

STEP 2

将创意具体化

整理点子，使其收敛

通过前面介绍的框架，我们已经获得大量能成为灵感的选项，将创意延伸。在这个步骤，我们要梳理发散的创意，使其收敛。让我们先理解收敛的意义和重点，再学习运用各种方法。

化为肉眼可见之形态的重要性

前面曾提到过，寻求创意时，一般会经过发散和收敛这两个步骤，而接下来的步骤，正是收敛的方法。

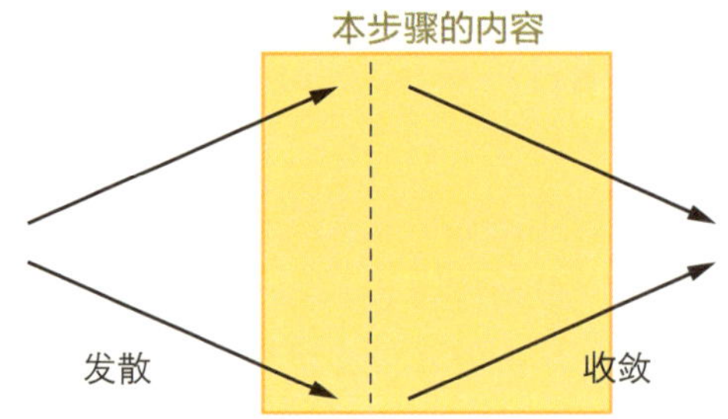

在收敛并琢磨创意时，希望你特别注意将其“化为有形”，也就是抱着向世人公开的感觉，将脑中的想法写出来；你可以将它视为一种想象中的“原型（prototype）”。

在收敛步骤，我们会从发散的点子中挑出重要因素，加以整理、统合，形成一个创意。在塑造创意原型的过程中，我们对目标的想象会变得明确，伙伴之间也能更轻松地获得共识。因此本阶段的重点，就是以浅显易懂的方式表达主要因素或功能，而不要掺杂太多复杂的因素。

近年来，环境变化复杂又迅速，“迅速将想法化为有形”已成为你我必备的能力。除了化为有形，迅速改善这个有形之物的能力也变得更重要。将想法化为具体后，立刻与伙伴共享，仔细地反复评估与改善，便能避免陷入在即将完成前才大幅修正的窘境。

时时留意现场的场景和故事

在塑造创意原型的过程中，必须特别留意场景和故事。“场景”就是实际运用该创意的现场状况，倘若无法掌握一个点子具象化之后的实际状况，无论点子再怎么新颖有趣，也是枉然。换言之，在这个步骤里，我们要为先前尽情运用想象力想出的点子增添一些现实感。请具体思考客户或目标的状况是否符合本公司提供的服务或目前的潮流，并同时思考场景，加以确认。

“故事”则是指依照时间顺序掌握信息的变化。我们不能只思考眼前的一瞬间，而是得像小说或电影，思考从起点到终点之间会有怎样的发展。

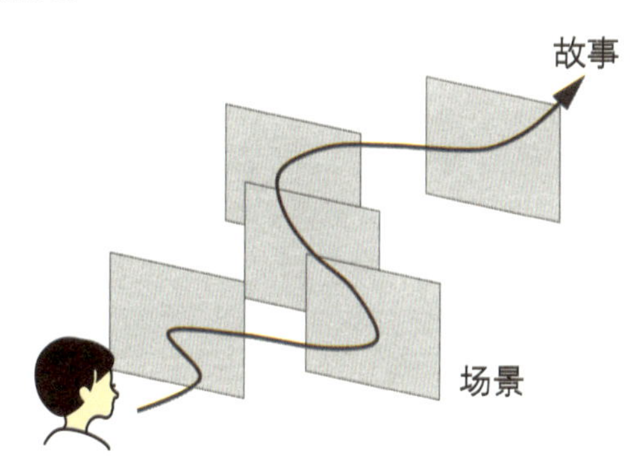

通过将思考过程化为故事，我们便能掌握这个创意的背景、必须预设什么样的变化等信息。此外，向其他人说明时，也可以得到具体共识，引起同理心。各位可以从后述的“分镜图”这种简单的四格开始尝试，慢慢培养思考故事的能力。

将无形化为有形的方法很多，包括在纸张或白板上画图、用 PowerPoint 画出图解、用 Excel 试算方案、用 Illustrator 等绘图软件进行设计、写程序做出样本，等等。本书介绍的虽是 PowerPoint 的范本，但请你积极尝试其他方法。

27 创意单

画出草图，整理创意架构

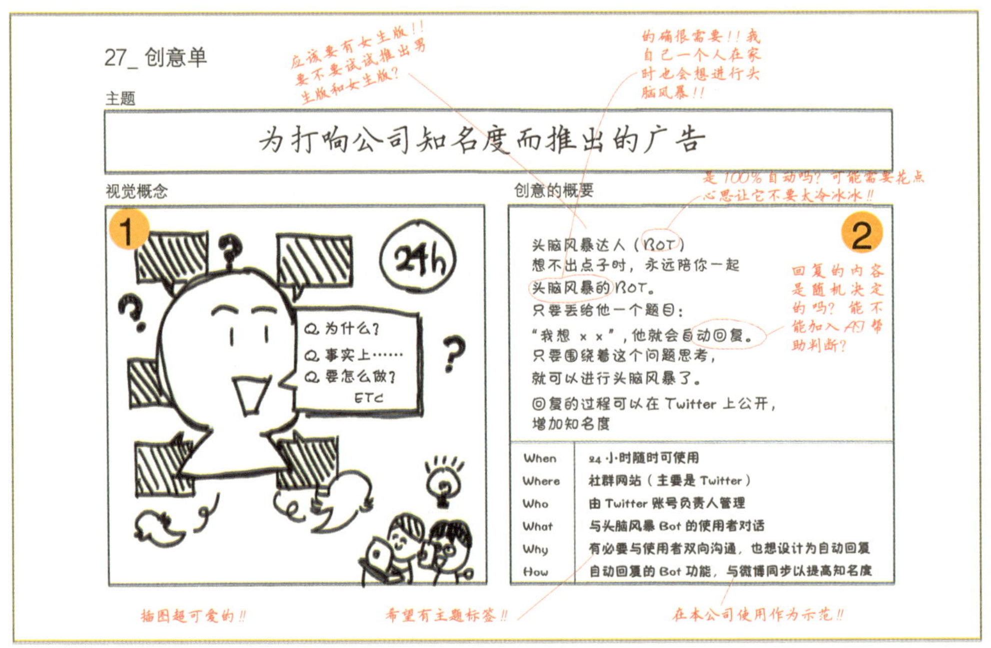

基本概要

“创意单（Idea Sheet）”是将头脑中的想法写出来的表单。假如只是在头脑里想，不管想多久，这个点子都不会成真，因此将头脑中的想法写出来相当重要。通过书写，概念就会变得肉眼可见，工作伙伴也能提出其他点子或建议，给予反馈。

此外，创意单的另一个好处，就是可以保存我们临时想到的点子，之后随时都可以再将它们拿出来运用、分享。

在发挥创意或整理创意等各种阶段，都可以运用创意单。请在办公桌或工作区准备一些表单，以便随时使用。

使用方法

1 [绘制草图] 将大脑中针对主题的想法画在纸上，将概念具象化。这时不用想得太仔细，利用图画或照片呈现出大致的感觉即可。

2 [将其文字化并加以整理] 更具体地思考1的概念。在这个阶段，必须将创意的基本概要整理到可用文字说明的程度，左页范例是用文字写下概要，再依循 5W1H 进一步思考细节。

3 [请别人给予反馈，继续修正] 请别人针对已完成的表单给予反馈。跟进“这样比较好”“应该更注重现实才对”等反馈内容来改善点子。

补充 **根据目的选择适合的类型**

除了像写笔记一样，独自将想法写出来，也可以由多名成员一起完成创意表单。可以打印在 A4 纸上，也可以直接写在白板上，请依照目的或状况选择适合的方式。

促进思考的提问

Q. 你自己是否认为这个点子吸引人？

Q. 令这个创意有特色的因素是什么？

Q. 你能替这个创意取名吗？

Q. 你能像是解释给别人听似的表达吗？

CHECK POINT

- ☐ 画出草图后，场景就更像现实了
- ☐ 创意的 5W1H 已经整理过，使创意的分辨率提高
- ☐ 他人的反馈已明确表达他最想要的点

28 分镜图

用四格漫画将创意具体化

基本概要

依照时序整理出理想的客户体验流程并画出故事框架，就是“分镜图（Story Board）”。这个框架可以将模糊的想法具体地可视化、将笼统的价值变得更明确。可以像上面的范例以四格呈现，也可以在一张便利贴上画一个镜头，再贴在白板上。范例是将“有问题的现状”“解决问题的过程”以及“问题解决后的状况”三种内容分成四格绘制。

分镜图除了和创意表单（请参照→27）一样，具有将创意可视化、与他人共享创意与改良创意等优点，更能通过故事与伙伴一同掌握客户的变化。另外，能站在客户立场修正创意这一点，更是一大长处。

使用方法

1 [列出问题] 在分镜图框架中，我们必须描绘原本抱有烦恼的人一步步解决问题的成功故事。请在第一格画出当事人感到困扰的现状，呈现出问题、课题、需求、烦恼等。1～3只需先打草稿即可，而重要的因素则可先简单做个笔记。

2 [画下问题解决后的状况] 绘制问题解决后的状况，也就是目标。请思考问题解决后，会变成什么样。

3 [画下解决问题的过程] 把从现状到达成目标之间的解决过程画在第二格和第三格里。像这样将同一个主题分成两格时，绘制时必须注意锁定重点。

4 [重新誊写一次分镜图] 四格都画完后，请整理故事内容，重新誊写在另一张纸上，同时用文字写下每一格的旁白，使内容更加明确。

促进思考的提问

Q. 目标客户是否明确?

Q. 在故事中会体验怎样的变化?

Q. 目标是否符合客户的需求?

Q. 故事的创新之处在哪里?

CHECK POINT

- ☑ 已在创意中加入时间上的变因
- ☑ 故事里没有矛盾或跳跃性思考
- ☑ 已确实呈现出解决问题过程中的重点

评比并选择创意

选择要执行的创意

从这个步骤开始，我们要思考应该从这些整理好的创意中，挑出哪些点子来实际执行。“该选择什么才好”——闭着眼睛摸索这个问题的答案，是压力很大的工作，所以让我们运用各种框架，将决定的过程可视化。

了解什么是好点子

选择好点子的第一步，就是了解“对本公司而言，什么样的创意才是好点子”。对某人来说最佳的选择，对其他人来说也许不是，所以我们必须根据目的做出定义，并与伙伴达成共识。此外，三年前正确的决定，现在也可能存在问题。

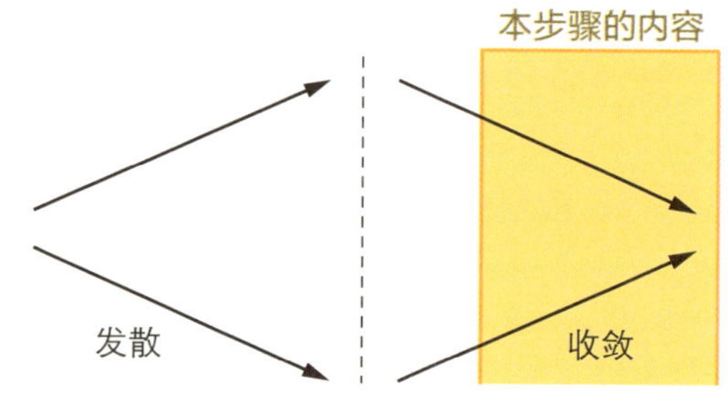

换言之，为了明确什么样的点子才是好点子，最重要的是掌握替创意评分的指标。例如将“实施成效”设为指标，那么成效最高的点子就是好点子；反之，假如将“成本”设为指标，那么成本最低的点子就是好点子。

也就是根据指标的不同，应该考虑的因素也会随之改变。

先设定判断什么才是好点子的指标，再进行评比和选择。这个步骤将介绍“优缺点表”“SUCCESs”与“报酬矩阵”，第 1 章介绍的“决策矩阵”也可以运用在这个步骤。

此外，设定条件和指标，还有助于定量搜集评分用的素材。请在定量与定性两种素材搜集齐全后，再进行决策（有关定量与定性的说明，请参照第 2 章最后的专栏）。

批判性思考

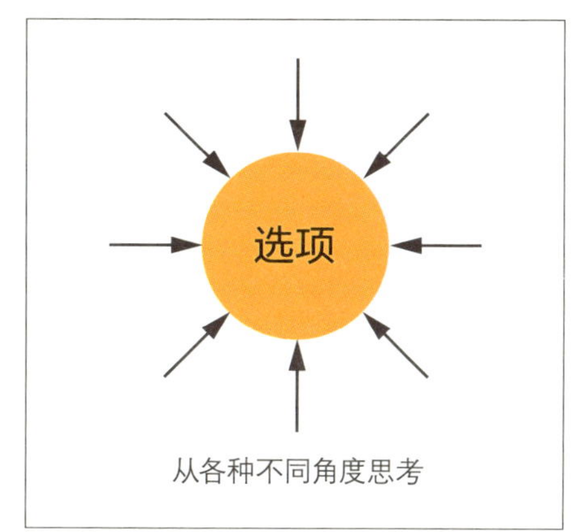

从各种不同角度思考

评比、挑选创意时，必须从各个方面观察。从某一方面看到的状态，总是和从另一方面看见的不同；有时我们觉得不好的点子，也可能因为扪心自问“这个点子真的（100%）不好吗”而发现之前疏忽的优点。

“真的是这样吗”“用别的角度来看会变成怎样”——像这样用批判的观点进行思考的方法，我们称为“批判性思考”。评比创意时，请先试着对选项提出批判性问题，将创意的各种可能性发挥到最大，再进行评比和挑选。

进行批判性思考最重要的一点，是评分者的多元性。由许多拥有不同专业与经验的成员来评分，绝对比单独一人进行评分的结果更正确。为了达成目标，请思考必须邀请什么人来决策、有必要听取谁的意见。

此外，从各种角度来看待事物时，最容易采用的就是接下来将介绍的优缺点表。这个方法能同时思考选项的优点和缺点，是一款既简单、效果又好的框架。

将没被选中的点子留存起来

这个过程中会剩下一些没有被选中的点子，但并不代表这些点子的内容不好，可能只是不符合此次的目的或目标，或只是时机尚未成熟。请把没被选中的点子留存起来，不要丢弃。未来它们也许能在其他机会派上用场，成为灵感的来源之一。

29 优缺点表

掌握选项的好处与坏处再决策

选项（点子、想法、意见等）

1 将外包的教育培训改为内部培训

赞成意见（或优点）	重要性	反对意见（或缺点）	重要性
2 可以进行细部调整	3	必须学习如何规划教育培训	3
可以培养全公司一起成长的文化	3	无法学到其他公司的案例或知识	4
可做到技术层面的训练	5	人才评价的客观性会降低	4
中长期而言可节省成本	5	培育讲师和制作讲义会造成负担	2
可同时改善标准流程	4	无法保证教育培训的质量	5
有助于公司内部沟通交流	2	初期必须投入庞大资金	4
可更有效运用公司内部的人力资源	2		

基本概要

“优缺点表（Pros and Cons）”是针对某个选项，整理、比较其“pros（优点）＝赞成意见”与“cons（缺点）＝反对意见”，以作为决策参考的框架，有些人也称为“优缺点列表”。

“Pros”就是针对选项的赞成意见，也可以说是优点；反之，“cons”则是反对意见，也就是缺点。在优缺点表中，先把优缺点事无巨细地列出，就能使资料变得更明确，有利于判断是否应采用单一或多个选项。

必须注意的是中立地写出优缺点，避免受前提或立场的左右，同时掌握优缺点各自的最大值（最好的点和最差的点）。

使用方法

① [设定选项] 填入预计要执行的选项。如果像左页范例，将选项设定为“将外包的教育培训改为内部培训”，优点就必须写出对于内部培训的赞成意见，缺点则必须写出反对意见。

② [列出因素] 针对选项写出优点和缺点。这时必须针对各因素进行重要性评分。建议思考每个因素对本公司有多重要，再用 1 ～ 5 分的数值来评分。如此，就能了解最好的点和最差的点。只要掌握两极，就能做出最有效的决策。

③ [进行选择] 比较列出的优缺点的各个因素与重要性，判断是否采用该选项。如果想一次比较多个选项，可以像右图一样将选项并排，写出优缺点，再进行比较。

	赞成意见（或优点）	重要性	反对意见（或缺点）	重要性
选项①				
选项②				

促进思考的提问

Q. 对本公司而言，什么样的点子才是好点子？

Q. 有解决缺点的办法吗？

Q. 有藏在优点背后的风险吗？

Q. 有无法单纯分类为优点或缺点的因素吗？

CHECK POINT

- ☑ 赞成和反对双方的意见都已经纳入
- ☑ 已完整列出优缺点，没有遗漏，并已分别掌握两者最重要的因素
- ☑ 所有成员都明白每个因素被分类为优点或缺点的原因

30 SUCCESs

从六个切入点来琢磨创意

①	评分	改善的方向 ②
单纯 Simple	○	
出乎意料 Unexpected	△	虽然与现有的点子有所区别，但缺少惊喜感。应该思考能否通过新的切入点赋予新的意义，或提高课题设定的质量
具体 Concrete	○	
可信赖 Credible	△	虽然已搜集了数据，但数据稍嫌陈旧。应思考该如何取得最新信息
感性 Emotional	×	虽然已考虑到“应该解决什么样的问题”，却没考虑到使用者的心理因素。必须实际访谈几位使用者
故事性 Story	△	虽然已考虑到使用服务的步骤，但因缺乏使用者的画像，因此没有故事性。此外长期展望也稍显不足，因此应一并思考

基本概要

能获得他人理解与共鸣的“好点子”，具有一些可以整合为“SUCCESs”的共通点。这个框架会从“simple（单纯）”“unexpected（出乎意料）”“concrete（具体）”“credible（可信赖）”“emotional（感性）”“story（故事性）”六个方面切入，进行评分与改善。重要的是除了自评，更要采用其他公司的视角，客观地评价。

除了评分与改善，在发挥创意和简报的阶段，也可以善加运用SUCCESs。依照SUCCESs确认想到的点子，如果发现哪里不足，就立刻补充。此外，如果平时就养成从SUCCESs的切入点思考各种信息和策划的习惯，便能激发更多创意。

使用方法

准备 [整理创意的概要] 整理即将评分的创意概要。

1 [进行评分] 依照 SUCCESs 的各个项目，针对创意进行评分。使用○与△等符号或 1 ～ 5 分的数值，将评分视觉化。

单纯（S）	创意是否单纯，使他人也能理解？关键字是否明确？
出乎意料（U）	从一般角度来看，是否出乎意料？有没有新的切入点？
具体（C）	是否已考虑周详？能否以定量和定性的方式说明？
可信赖（C）	有能增加可信度的范例、数据或证据吗？
感性（E）	是否掌握纠葛、苦恼、喜悦等诉诸感性的因素？
故事性（S）	有打动人心的故事吗？有按照时序或流程的信息吗？

2 [整理待改善处] 参考评分内容，整理出为了让创意更好而应该思考的点、应该做的事和应该进行的调查。左页范例更特别针对被评为△与 × 的因素进行重点对话，写出后续应采取的行动。

促进思考的提问

Q. 你有多满意目前的创意？

Q. 创意是否获得共鸣？如无法获得共鸣，差异在哪里？

Q. 能否对小学生说明你的创意？

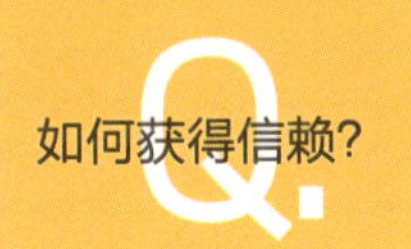

Q. 如何获得信赖？

CHECK POINT

- ☑ 能简洁扼要说明初期创意的概要和魅力
- ☑ 明确掌握应该改善的重点，且决定接下来的行动
- ☑ 能制作吸引人的简报，向他人说明改善后的创意

31 报酬矩阵

将创意图像化，找出效率最高的选项

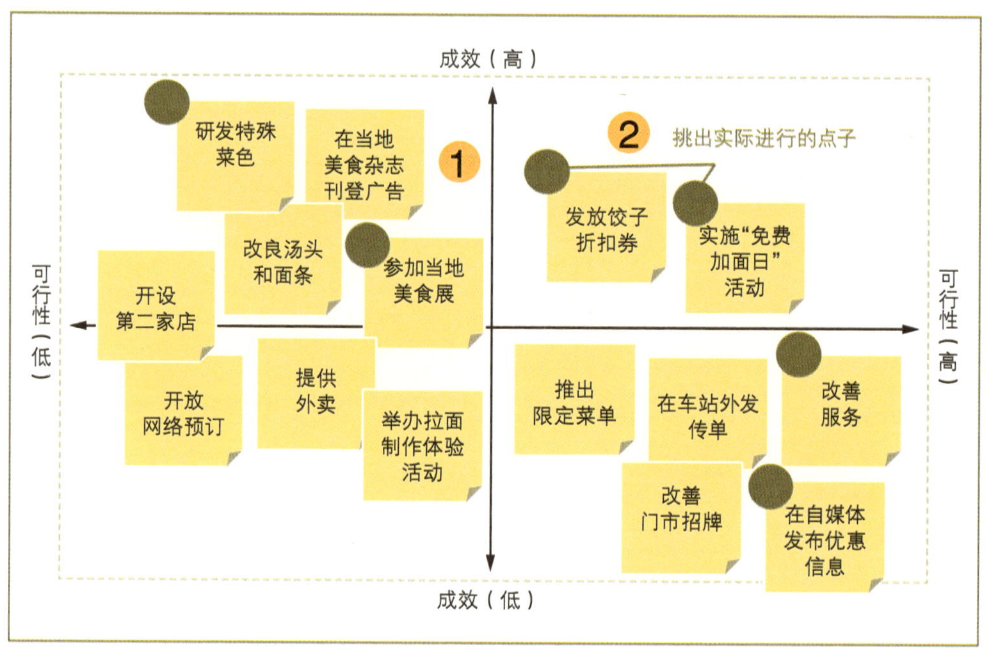

基本概要

“报酬矩阵（Payoff Matrix）”是以“成效”与“可行性”为两轴所构成的矩阵，是能有效率地挑选点子的框架。面对许多选项时，这款框架可以帮我们锁定选项并决定优先级。成效轴是以得到的收益或成果作为指标，评断“成效高低”；可行性轴则是以成本或难度作为指标，评断“能否轻易实现”（愈高就愈容易）。

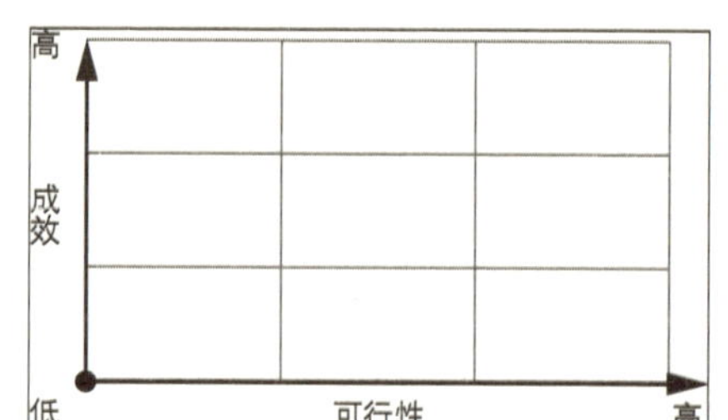

范例虽然将轴设定为“成效”与“可行性”，但把轴设定为“成效”与“费用”也很实用。此外，一般最常见的是四格矩阵，但也可以像右图一样细分成九格来思考。

使用方法

准备 [先列出创意] 准备作为选项的创意。在这个阶段请不用考虑成效和可行性，自由发挥即可。此时考虑得太多，会使创意受局限，请特别留意。

1 [配置选项] 待创意全部列出，再将创意配置在矩阵中。把创意分类到四个象限，同时与伙伴讨论成效高低、可行性高低的标准，确认彼此的认知是否有落差。

2 [评分・挑战] 将创意配置完毕后，便可同时观察所有选项，推行评分与挑选。一般会从成效与可行性皆高的选项开始实践，第二优先的是成效虽低，但可行性高的选项。尽早执行上述选项，便能开始准备将资源投注于成效虽高，但可行性偏低的选项上。而成效与可行性皆低的选项，很可能只会浪费资源，因此请将顺序排在最后，或是花些心思提高其成效与可行性。

促进思考的提问

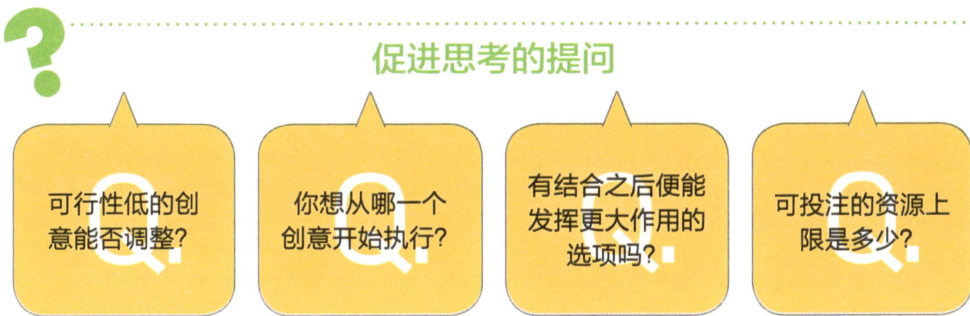

CHECK POINT

- ☑ 准备的创意选项质量兼备（若有不足，就回到 STEP1 ～ STEP2）
- ☑ 已定义思考成效与可行性的指标，并与伙伴达成共识
- ☑ 已针对想深入探讨的创意决定大致的优先级

专栏　在激发或评比创意时必须留意“成见”

所谓的成见，就是偏颇、偏见或先入为主的观念，是针对某个主题进行思考或给予评价时，由于自身利益、期望或前提条件而使内容遭到扭曲。例如因为主管自己过去的成功经验而左右了对下属的评价，或下意识认为多数派的意见就是正确的……这都是受成见影响的结果。进行策划时，必须抛开成见，提出灵活的创意，并用公平的眼光来评断。

通过提问来确认成见

话虽如此，人专注思考一件事情时，想法往往会下意识有所偏颇。为此，我准备了一份能帮助各位抛开成见的问题列表。发挥创意或评分时，请试着留意这些问题。

- ☑ 是否只搜集与自己的假设或信念相符的资料？
- ☑ 是否把极少数的资料或罕见的例子当作整体来思考？
- ☑ 眼里是否只有对自己有利的资料？
- ☑ 是否优先使用比较容易取得的数据？
- ☑ 是否对已经发生的事实擅自赋予意义？
- ☑ 是否过度评价多数派的意见？
- ☑ 是否试图在偶发事件中找出规则，或过于相信偶发事件？
- ☑ 想法是否被第一次看见的数字或例子牵着走？
- ☑ 是否下意识过度评价看过或听过许多次的事物？
- ☑ 是否过度轻视已经发生的重大问题？

以上列出的是发挥创意时常见的成见，不过在分析或反思时，也应该放在心上。

制订策略

思考策略方向

思考达成目的所需的脚本

第 4 章介绍的观点，能使为了解决问题而想出的点子进入可具体实践的状态。另外，本章除了介绍框架，也会说明策划的方法。请抱着“我要把目前为止的内容整理成一个策划”的心态来试试看。

思考策略

策略就是为了解决问题，在考虑大局的状况下所进行的综合准备、计划与方略。也有人将它定义为“达成目的所需的脚本”。

首先，我们得掌握思考策略前后的流程。

一个组织里最高层次的目的，就是这个组织存在的目的，我称之为经营目的或经营理念；其次是经营目标，也就是这个组织想达成什么。接着必须思考达成经营目的和目标所需的整体策略。

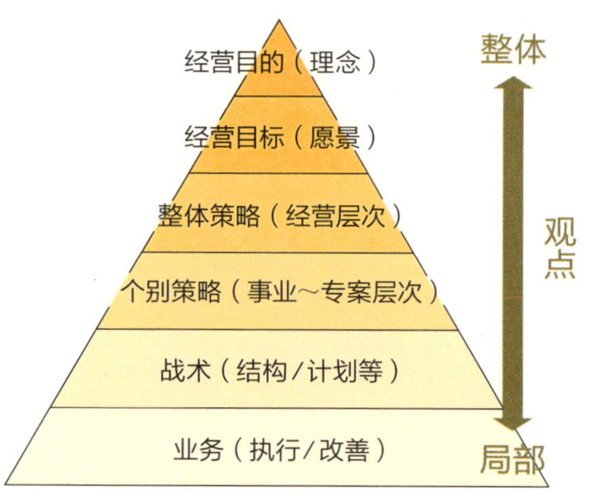

整体策略攸关整个组织，是属于经营层次的策略。整体策略下方还有个别策略，也就是以各事业、各项目、各部门为单位的策略。整体策略与个别策略的区分，会随组织规模而异。特别需要注意的，就是同时拥有攸关整个组织的整体策略与个别策略这两种观点。一旦决定策略，就要思考为了实现策略所需的具体方法，也就是战术，并规划执行业务。

如何找出竞争优势

讨论策略走向时，最重要的是如何找出自己的竞争优势。“竞争优势”这个词汇在前面已经出现多次，“拥有竞争优势”的意思是指“拥有其他公司无法模仿的经营资源，并能灵活运用”。为了创造竞争优势，我们必须思考“要投入什么样的市场”“要提供什么样的产品、服务”“要用什么方法提供”等策略方向。

例如美国著名管理学家迈克尔·波特（Michael Porter）提出了“三种竞争战略”（见右图）。

这是一种用市场范围与有利策略的矩阵，来思考本公司策略走向的方法。

通过这一方法，我们可以从三个方向来构思战略：一是将整个业界视作目标，以成本来决胜的“总成本领先战略（Cost Leadership Strategy）”；二是以其他公司无法模仿的独特性来决胜的“差异化战略（Differential Strategy）”；最后是将资源投资在特定客群上的“专一化战略（Focus Strategy）”。

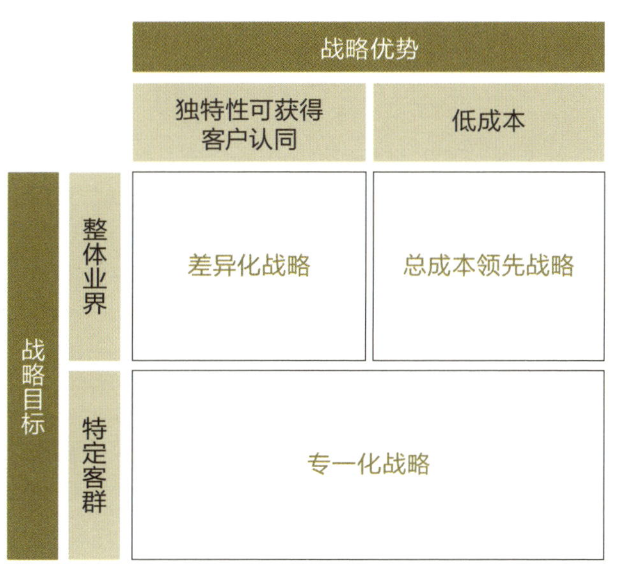

本表格参考《竞争战略》一书制成

在这个步骤，我将介绍有助于掌握策略走向，并评估自己应该往何处发展的框架。

从下一页起，我们挑选许多能同时涵盖整体策略与个别策略的框架，从“产品组合矩阵”到“定位图”皆属此类。讨论策略走向时，除了本章介绍的框架，亦可融入前几章出现过的决策相关框架，灵活运用。

32 产品组合矩阵

俯瞰自身公司整体概要，思考策略

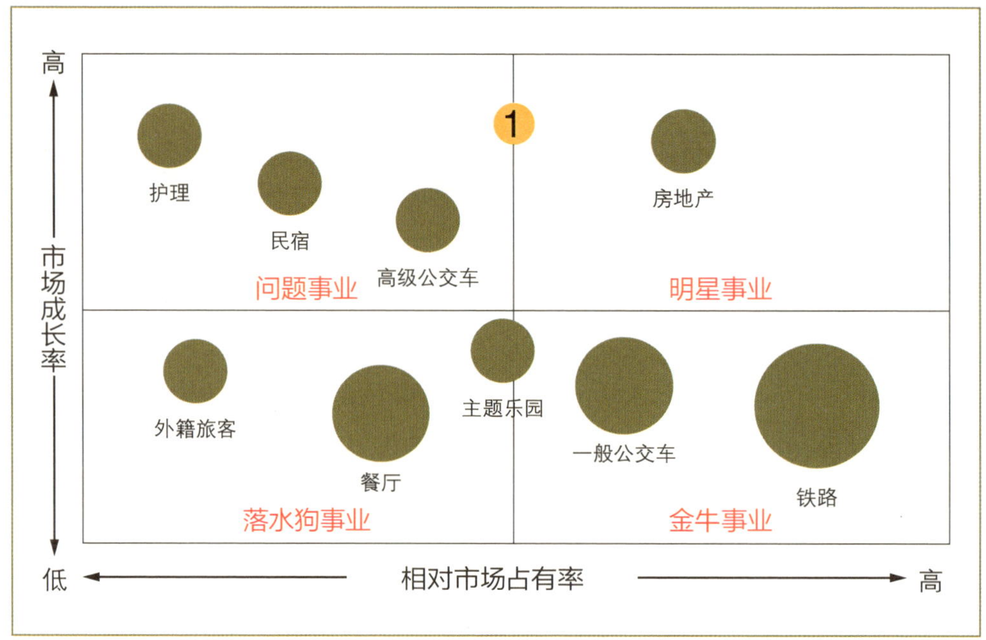

基本概要

“产品组合矩阵（Product Portfolio Matrix，PPM）”是使用以“市场成长率”与“相对市场占有率”为两轴所构成的矩阵，分析本公司经营的事业、构思策略的框架。矩阵中的四个象限分别称为“明星事业（stars）”“问题事业（question marks）”“金牛事业（cash cows）”与“落水狗事业（dogs）”，而事业的规模则以圆的大小来呈现。

产品组合矩阵的前提是“市场成长率越高的事业，业界与竞争对手的变动就越大，因此需要越多资源”以及“相对市场占有率越高的事业，越容易获得利益”。请厘清每个事业的目的究竟是获利还是开拓未来，再讨论要将策略性的资源投放在何处。

使用方法

1 [列出公司拥有的事业] 将自身公司拥有的事业填入矩阵。此时可用圆的大小表示每种事业的营业规模。如果是用便利贴进行，可以通过不同的符号或颜色呈现，使规模的差异能一目了然。

2 [思考未来的方针] 针对每种事业思考未来应采取什么样的策略。重点是将金牛事业象限中的获利投放到问题事业，提升市场占有率，培养明星事业。

补充 将“问题事业→明星事业→金牛事业”的顺序放心上

只要能将问题事业移到明星事业，就能增加收益，为企业带来更多利益。而明星事业则会随市场成长的停滞而转为金牛事业。构思策略时，除了将这个顺序放在心上，更重要的是，即使必须冒一点风险，也得将资源投放在问题事业，同时思考如何建构这样的体制。

促进思考的提问

- 目前最积极投注资源的事业是哪一项？
- 能否以俯瞰的角度思考整体事业？
- 能否单独思考某一事业的一部分？
- 有看起来值得培育的问题事业吗？

CHECK POINT

- ☑ 已掌握各市场是在扩大还是在缩小
- ☑ 已掌握本公司的整体概念
- ☑ 已看见未来应优先投放资源的方向

33 安索夫矩阵

思考自身公司事业的成长策略

		产品	
		既有产品	新产品
市场	既有市场	• 组合优惠或老客户优惠 • 在自媒体上分享促销知识，鼓励应用 1	• 研发采用 VR 或 AR 技术的新产品并提案 • 提出委外促销方案 2
	新市场	• 将客户扩展至零售业以外的业种（餐饮或旅馆业） • 向小企业或自雇者提案 3	• 发展营销顾问事业 • 投入成衣事业 • 发展共同工作空间事业 4

基本概要

“安索夫矩阵（Ansoff Matrix）”是将市场（客户）与产品分别分类至“既有”与“新”的象限中，借以构思策略，促进本公司事业成长的框架。这个框架会将走向大致分为四种，帮助我们找出扩展事业的策略。

最容易发展的是“既有产品 × 既有市场”的市场渗透策略，最难发展的是“新产品 × 新市场”的多元化策略。讨论难度较高的策略时，可将与外部合作、外包、并购等列入考虑范畴。接下来的“使用方法”，将依照难度排序（1最简单，4最难）。

		产品	
		既有产品	新产品
市场	既有市场	市场渗透 既有产品×既有市场	开发新产品 新产品×既有市场
	新市场	开发新市场 既有产品×新市场	多元化 新产品×新市场

使用方法

1 [思考市场渗透策略] 思考提升既有市场市场占有率的策略。请思考是否可能提升每位客户的购买数量（金额）或购买频率（回购率）。例如：推出组合优惠、举办特价活动、追踪客户等。

2 [思考开发新产品策略] 思考提供新产品给老客户的策略。例如：推出既有产品的周边商品或附属品、升级后的产品、增加其他功能的产品等。

3 [思考开发新市场策略] 思考开发新地区或新目标客户群等以往未曾接触之新市场的策略。例如：从特定地区拓展至全国、从日本拓展至海外、将锁定女性客户群的产品拓展至男性、将锁定年轻人客户群的产品拓展至“银发族”等。

4 [思考多元化策略] 思考在新市场发展新产品的策略。多元化又可细分为：A. 在相同领域内扩展的“水平型多元化（horizontal diversification）”；B. 从价值链上游扩展至下游的“垂直型多元化（vertical diversification）”；C. 通过思考与既有产品相近的产品来发展新领域的“集中型多元化（concentric diversification）”；D. 将全新的产品投入全新领域的“集成型多元化（conglomerate diversification）”等。

促进思考的提问

- 对公司而言，发展 2 和 3 哪个比较简单？
- 开发新市场的具体方法是什么？
- 能否列出商品或服务的价值？
- 能否参考其他行业的成功案例？

CHECK POINT

- ☑ 已列出朝四个方向发展的点子
- ☑ 某种程度已掌握性价比［也运用了报酬矩阵（请参照→ 31）］
- ☑ 已掌握各种走向的优势与风险

34 交叉 SWOT

活用 SWOT 分析，思考发挥自身公司强项的策略

	优势Strength	弱点Weakness
	1. 使用当地新鲜食材 2. 主要提供日式料理，但也能视需要供应意式或法式料理 3. 建筑物落成至今一年，外观与内装都很新 4. 停车场很大 5. 许多客人由口耳相传的介绍而来	1. 开店至今不满一年，知名度不足 2. 缺乏吸引回头客的措施或制度 3. 翻台率过低 4. 离车站太远 5. 没有与所属集团的其他企业合作
机会Opportunity：1. 店面所在位置不是住宅区，而是商业区 2. 周边有大学，也有许多婚宴会馆 3. 经常举办联谊活动 4. 正值日式料理流行 5. 简约婚宴可能成为未来的主流	1. 汇集使用当地食材制作的创意日式料理与丰富日式、西式饮料，让客人享受欢聚时刻 2. 继续在锁定新游客的当地刊物、优惠情报杂志上宣传 3. 通过举办活动吸引团体客人与新客人	1. 锁定本公司的客户与相关企业的客户进行促销活动，以期销售量与客户双双增加 2. 利用持续性的活动提升知名度
威胁Threat：1. 婚宴会场合作的聚会增加 2. 接待文化式微 3. 人们的饮食习惯逐渐从外出用餐转变为在家下厨 4. 低价位餐厅增多 5. 注重成本的客人逐渐转为在连锁店用餐	1. 营造让客人从白天待到晚上的环境 2. 将促销对象从团体客转为单独客 3. 增加店员接待客人时的沟通量	1. 推出以 30 ~ 59 岁主妇为客户群的新产品 2. 与集团企业合作，有效运用资源 3. 寄送纪念明信片等，彻底执行追踪客户策略 4. 强化结婚季的需求

基本概要

以“好影响、坏影响”“内部环境、外部环境”为轴构成矩阵，针对“优势”“弱点”“机会”“威胁”四个象限进行分析的框架，就是前面介绍过的 SWOT 分析（请参照→ 12 ）。而用 SWOT 分析分析出的“优势”“弱点”“机会”“威胁”为轴组成新矩阵，思考策略走向的框架，则是“交叉 SWOT”。

SWOT 分析列出的因素个别来看都只是点状信息。利用交叉 SWOT，讨论构思策略时应思考的内容。先用 SWOT 将资料整理妥善后，再使用本框架。

	优势 Strength	弱点 Weakness
机会 Opportunity	[策略 1] 活用机会，以优势一决胜负	[策略 3] 克服弱点，活用机会
威胁 Threat	[策略 2] 活用公司的优势，克服威胁（危机）	[策略 4] 克服弱点，战胜威胁（危机）

使用方法

1 ［填入欲使用的因素］将写在 SWOT 分析的因素填入交叉 SWOT 的栏位。如果因素太多，可挑选重要因素填写。

2 ［思考各种策略］针对每一个象限思考策略（或对策）。例如在［策略 1］中，必须思考能将机会与优势发挥至极限的位置。在［策略 4］中，要求的则是风险管理或能克服弱点的策略，以避免因弱点和威胁结合而导致最坏的状况。除了思考各象限的策略，该如何发展优势、克服弱点，也是必须思考的重点。

补充 **最重要的是［策略 1］**

虽然每个策略都很重要，但格外值得一提的是最能发挥竞争优势的［策略 1］。［策略 1］一旦成功，就会给其他策略带来正面影响，发挥更大作用。运用交叉 SWOT 时，请先将重点放在这个象限思考。

促进思考的提问

- Q. 你从过去的成功与失败策略中学到了什么？
- Q. 如何不战而胜？
- Q. 有没有错失什么机会？
- Q. 能否使用定位图（请参照→36）找出优势？

CHECK POINT

- ☐ 已用 SWOT 分析找出数量与质量皆足够的因素，提供交叉 SWOT 运用
- ☐ 已列出四个策略的走向
- ☐ 已掌握本公司与竞争对手的差异

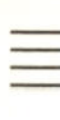

35 STP

思考要提供什么产品给什么对象

基本概要

在“STP”中，我们必须从“segmentation（市场分隔）”“targeting（目标选择）”与“positioning（品牌定位）”这三个因素出发，思考营销策略。“Segment”是指具有相同属性、特性或需求的群体，而“segmentation”则是将该群体更进一步细分。STP 的概念就是用“市场分隔”将市场细分后，再用“目标选择”决定应锁定的市场，最后再利用“品牌定位”决定自己要提供的价值。

这个框架也能帮助我们思考，想在激烈的竞争中胜出，应该如何选择市场并集中资源，如何创造与竞争对手的差异。请搭配其他分析类的框架，找出能发挥本公司竞争优势的市场。

* 偏差又称为表观误差，是指个别测定值与测定的平均值之差，它可以用来衡量测定结果的精密度高低。偏差越小，说明测定结果精密度越高。

使用方法

1 [分割市场] 将预计投入的市场加以细分。建议细分后，可以替每个细分市场命名，以利掌握其特征。

例 **细分市场的切入点**

一般认为可用地理变量(geographic variables)、人口变量(demographic variables)、心理变量(psychographic variables)与行动变量(behavioral variables)作基准。具体而言，包括地区、人口密度、性别、年龄、收入、兴趣、价值观、意愿、时间段、行为模式、购买状况等。

2 [选择目标] 从分割后的细分市场中选定想投入的市场。挑选时，可用市场规模(realistic scale)、市场的成长性(rate of growth)、竞争状况(rival)、优先级(rank)、可达成性(reach)、反应可测性(response)等为指标来评选各细分市场，挑选出主要市场。

3 [思考定位] 针对2选择的市场，思考自身公司可以发展什么样的产品、服务。相对于决定对象的1和2，3则是决定“内容”。有关定位的内容，将在下一个框架详述。

促进思考的提问

Q. 目前作为目标的细分市场及其特征是什么?

Q. 你使用什么轴来分割市场?

Q. 要把市场分割得多细?

Q. 有整体市场扩大后可行的策略吗?

CHECK POINT

- ☑ 锁定的市场是可投入的
- ☑ 分割后的细分市场分别具有不同特征
- ☑ 已找出可发挥本公司优势的细分市场

36 定位图

思考本公司能获得的定位

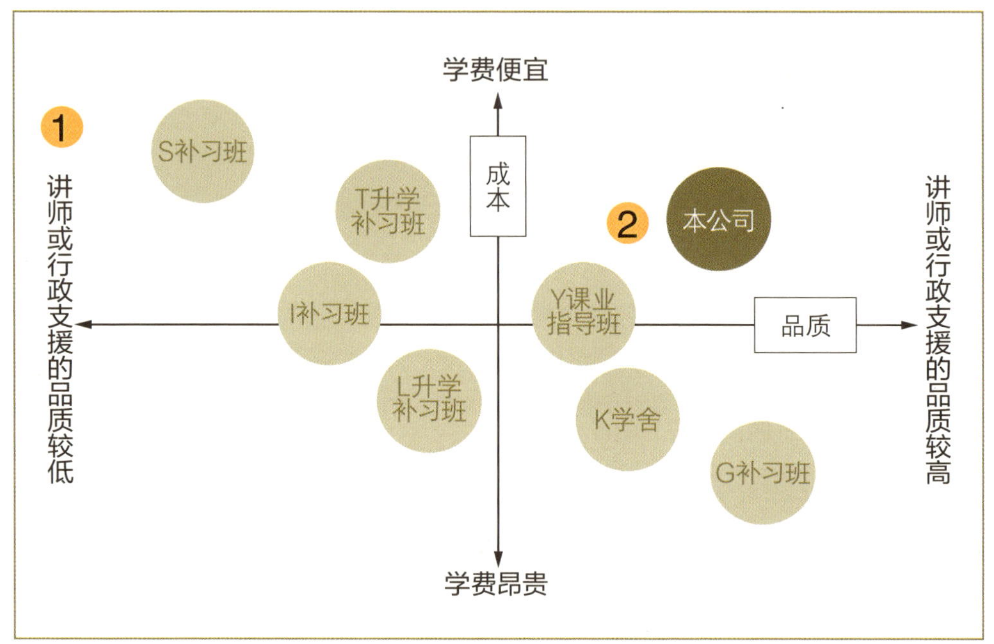

基本概要

本公司的事业（或产品、服务）在市场中的定位，称为“position”。分析市场，决定自身的定位，以寻求差异化的框架，就叫作“定位图（Position Map）”。在信息爆炸的现代社会，想让客户认识（选择）本公司的产品、服务，就必须让客户明白我们与竞争对手间的差别。

在定位图中，我们将客户在理解产品、服务时所重视的因素设为两个轴，制成矩阵。将多个竞争对手的资料写在矩阵中加以整理，并让整体状况可视化，再思考本公司能够发挥竞争优势的定位。

使用方法

1 [设定轴] 设定纵轴与横轴。挑出客户在认识（或选择）一项产品、服务时会浮现在脑海中或重视的两个因素，作为双轴。左页范例是用补习班事业的“成本”和“质量”来当轴。“成本”是学费，“品质”是指讲师、设备、行政支援等。

2 [思考竞争对手与自身公司的定位] 思考各竞争对手处于什么位置，进行配置。一边参考竞争对手的定位，一边寻找能让自身公司发挥优势的定位。

补充 **通过多组不同的轴来思考**

请多尝试几组不同的轴，而非只使用一组。以范例来说，除了“成本 × 质量”，还可以试试“人数（少 / 多）× 等级（考上明星学校 / 补完课程内容）”以及“形式（网络 / 现场）× 方针（填鸭式 / 着重应用）”等。请灵活运用形态分析法（请参照→ 24）、价值链分析（请参照→ 20）、PEST 分析（请参照→ 09）等框架，多尝试几种不同组合。

促进思考的提问

Q. 本公司目前的定位是什么？

Q. 具有发展潜力的市场在哪里？

Q. 目前空的位置为什么是空的？

Q. 能否思考三年或五年后的状况？

CHECK POINT

- ☑ 轴的两端形成对比关系（昂贵便宜、长短等）
- ☑ 已找出能呈现本公司竞争优势的双轴
- ☑ 能根据完成的定位图找出制订策略的方向

STEP 2

思考该如何实现

找出实现策略的具体方法

以上我们整理了思考策略方向、决定提供什么价值给哪些对象，接下来要思考如何执行价值提供，也就是战术以及架构。这个步骤，我们要以商业模式设计为主轴，逐步思考实现策略的方法。

思考实现策略的方法论

如果为了达成目的所制订的大方向计策是“策略”，那么为了执行策略所构思的局部计策就是“战术”。具体而言，战术包括组织、架构、行动方针等，也就是制作实际执行策划时的设计图。在这个阶段，使用框架前有几个必须留意的重点，就是俯瞰事物，以及同时观察整体和局部。

俯瞰是从高处往下眺望的意思，而在本书中，指的是从制高点眺望事业结构，掌握整体的概念。我们认真思考时，思考范围往往容易集中在局部。这时，我们必须具备的能力就是退一步，从高处凝视整个局势，思考整体应怎么做。此外，不只策略或战术，日常生活中的每件事都可以套用这个方法。

该如何俯瞰呢？首先我们必须厘清整体和局部各由哪些因素构成，并掌握它们分别扮演什么样的角色、彼此有什么样的关联。让我们通过接下来介绍的“商业模式图”“架构图”，以及在下一个步骤里介绍的“KPI 树状图”，思考整体与局部，以及它们的联动性。

思考商业模式

“商业模式（Business Model）”这个词有许多定义，本书将其定义为“为了对客户持续提供价值所需的架构”。

创意层级的数据只是“点”，当我们替创意赋予架构，它就会变成“线”或“面”，逐渐发展为商业模式。想让创意发展为商业模式，最具代表性的方法，就是商业模式图（如下图，详情请见 p120 框架的说明）。

例如，在想到“让每一位使用者发挥才干”的“技术分享服务”这个创意阶段，能使其发展成商业的因素还远远不足。

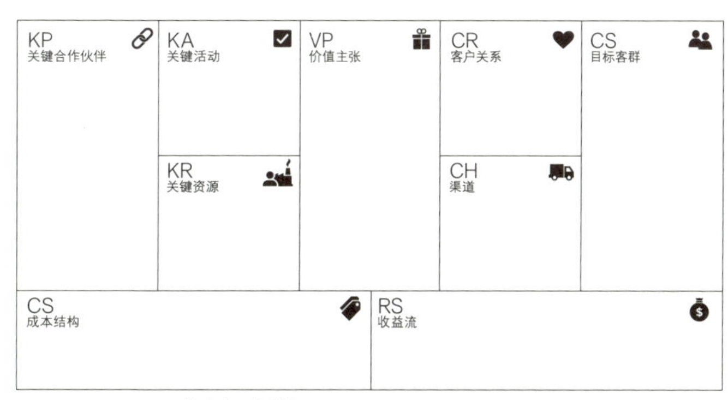

想要让它成为一项服务，需要哪些资源，需要进行哪些活动，需要哪些伙伴，在资金层面又会是什么样的架构，通过思考这些问题，便能让创意渐渐发展为可实现的状态。

制作让他人能轻松理解的架构图

挑出与人、物、钱流向相关的信息，以图解方式呈现商业模式的架构图，接下来会详细说明。将“相关人物”“两者之间的互动”等简洁地整理出来，有助于想象实际的行动。架构图也被广泛应用于介绍产品或服务的网站、文宣、策划书、提案书等处，向他人说明公司事业概要时非常方便。

37 商业模式图

将创意发展为商业模式

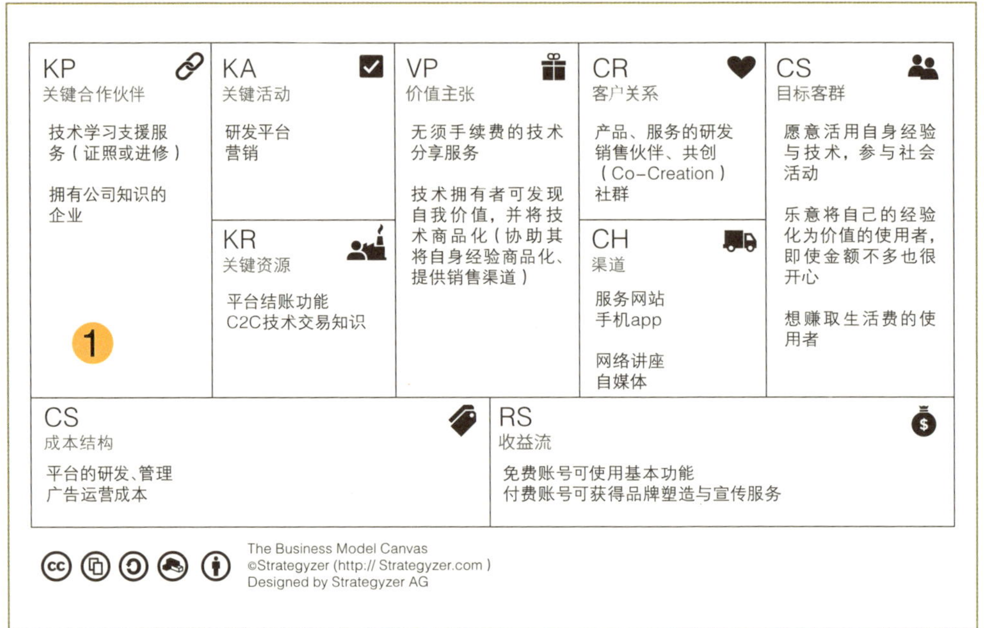

基本概要

向客户持续提供价值所需的架构称为商业模式，“商业模式图（Business Model Canvas）”则是用来帮助理解商业模式的框架。整理出互相有关联的九个因素，便能思考商业模式的原型。

包括表示提供价值的对象的目标客群（customer segments，CS）；欲提供的价值的价值主张（value propositions，VP）；提供价值的方法或管道的渠道（channels，CH）；思考要与客户建构何种关系的客户关系（customer relationships，CR）；获得收益方法的收益流（revenue streams，RS）；必要成本的关键资源（key resources，KR）；为了让商业模式运作，组织应展开的行动的关键活动（key activities，KA）；提供价值时所需资源的成本结构（cost structure，CS）和委托或可取得资源的外部合作对象的关键合作伙伴（key partnership，KP）。

使用方法

1 [列出因素] 针对九个因素，分别写出必要的资讯。九个因素的思考顺序会随目的或状况而异，因此此处不特别列出。但如果像右图用大分类的方式来思考，便能轻松列出。

2 [补充不足的部分] 整理1中列出的内容，补充不足的部分。如果需要补充更多资料，可以运用人物画像（请参照→ 15 ）、4P+提供内容与对象分析（请参照→ 19 ）和价值链分析（请参照→ 20 ）等框架。

3 [誊写] 根据一开始列出的因素与2补充的资料，重新整理内容，完成商业模式图。

促进思考的提问

- 构思出来的商业模式是否可行？
- 欠缺的资源该如何补足？
- 如何提升竞争优势？
- 如何更轻松地找到伙伴？

CHECK POINT

- ☐ 已理解创意和商业模式的不同
- ☐ 价值提案的内容能令客户满意
- ☐ 具有可持续的收益性

38 架构图

将主要人、物、钱的流向视觉化

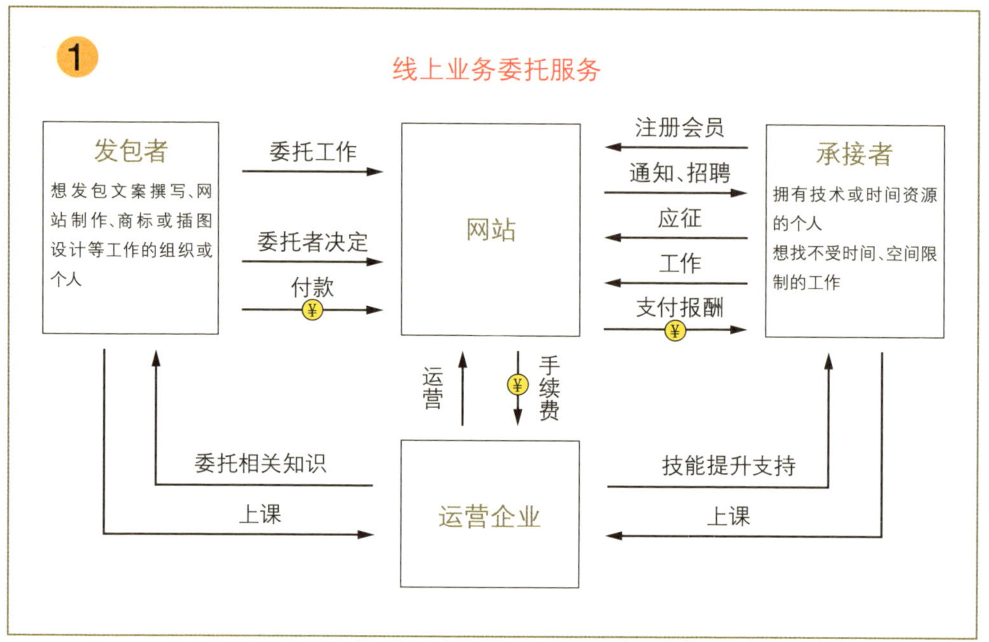

基本概要

架构的英文是scheme，具有计划、组织、构造等意义，本书将它定义为“组织在提供价值、获得收益所需的事业架构”。架构图以图示呈现让他人能一目了然的框架。

架构图中使用的数据，是主要人、物、钱之间的关联性。“人”指的并不只是个人，也包括组织。“物”除了指物质因素，也包含信息等无形因素。

而所谓的关联性，则是指出现在人、物、钱这三种因素间进行的活动。思考关联性时，也会同时整理某个因素与其他因素之间的从属关系。图解时，请特别留意在商业模式图（请参照→37）中绘制的价值提供架构和“人”的角色。

使用方法

准备 [事先整理资料]确实掌握欲绘制架构图之事业架构的相关信息。请确认在商业模式图中出现的九个因素是否已整理好。

1 [配置资料]资料整理完毕后，即可图解人、物、钱的关联性或流向。每个因素要写到多详细，必须随着目的做调整。信息太多、太复杂时，可以先完成整体架构，再另外针对特定项目深入探讨。

例 撰写规则

本书以方块表示人和物，以符号“¥”表示钱，以箭头表示关联性；箭头旁会附注两者的互动内容。将自身公司的事业放在中央，再把其他相关要素配置在上下左右，便可一目了然。

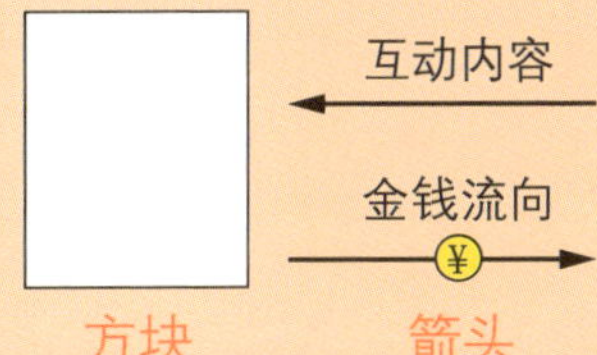

促进思考的提问

- 人、物、钱的流向为何？
- 能否写得更详细一点？
- 有希望的方块或互动方式吗？
- 相反地，有不必要的因素吗？

CHECK POINT

- ☑ 人、物、钱的流动形成循环
- ☑ 互动的方向（箭头）是正确的
- ☑ 他人可以对整体的关联性一目了然

39 AIDMA

注意客户的心理转变过程，思考沟通策略

	认知阶段	感情阶段			行动阶段
	注意 Attention	兴趣 Interest	欲望 Desire	记忆 Memory	（购买）行动 Action
1 客户状态	工作后，发现身边很多朋友都在骑公路自行车，因此自己也开始感兴趣	寻找邻近的自行车行。在网络上搜寻店面和品牌时，偶然发现 A 公司店长的分享文章	知道有针对初学者开设的课程，考虑参加	在不时阅读的 A 公司店长分享文章中发现自行车体验课程的日子快到了	参加自行车体验课程后，决定购买公路自行车
2 客户需求	想了解基础知识、价格行情和规格等	希望有个人经营、离自己近、老板好沟通的店家	期待能实际体验。对独自参加略感不安	想确认目前的流行趋势和优惠信息	希望活动很有趣。想得到参加者独享优惠。如果有喜欢的产品，希望价格也能再商量
3 沟通策略	寄送推荐产品的 DM 介绍针对初学者的自行车分享文章	提供大厂商无法做到的产品比较表。开设免费的咨询会或论坛	公告初学者试骑活动。介绍过去参加者的感想（也包括独自参加者的感想）	持续提供推荐产品的信息。再次宣传活动。公布参加者独享优惠	举办活动。制作并且发放参加者独享的折价券

基本概要

“AIDMA”是将消费者的购买过程可视化的框架之一。本框架将消费者从注意到产品或服务到购买之间的过程，分为“attention（注意）”“interest（兴趣）”“desire（欲望）”“memory（记忆）”“action（购买）”五个阶段。因为可以站在客户的视角设计策略，所以在营销、业务、宣传等各领域中构思策略、策划改善方案时，都能活用。

只要活用本框架，就能将客户从注意到购买等各阶段的状况、烦恼等可视化，并设计适当的沟通策略。另外，客户体验旅程图（请参照→ 17）也可运用在这种沟通策略的设计上。

使用方法

准备 [事先设定人物画像] 为了更具体地想象各种情况，必须先设定客户的形象。可运用第 2 章介绍的人物画像（请参照→ 15 ）。

1 [写下客户的情况] 写下从注意到购买的各阶段中，客户分别处于什么情况，整理出客户在什么地方接触到什么样的信息，又采取了什么行动。可先厘清作为目标的“action（购买）”阶段，再思考其他阶段。

2 [列出客户的需求] 写出客户在各阶段的需求、烦恼和课题。

3 [设计沟通策略] 设计反映 1 和 2 所列出的情况和需求的沟通策略。沟通策略就是指与客户之间进行的互动。重点是从广告、电子邮件、招牌、传单、面对面的谈话、空间营造等各种选项中，挑选出最适当的方法或组合。

促进思考的提问

- 如果换成自己，会对什么满意或不满？
- 客户在进入下一阶段时，有什么阻碍？
- 客户感受的负面因素是什么？
- 能否掌握客户的潜在需求？

CHECK POINT

- ☐ 已明确写出希望客户采取的行动
- ☐ 已配合各阶段的需求，设计出妥善的沟通策略
- ☐ 不只站在制作者的角度，也站在客户的角度进行确认

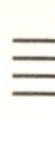

40 甘特图

将工作计划视觉化

1 任务名称	开始日期	2 束结日期	负责人	6月 01–30
设计活动企划				
现状分析	6/1	6/2	山田	
决定概念、目标	6/3	6/5	山田	
项目设计	6/3	6/5	山田	
挑选客户	6/3	6/5	宫下	
设计公告工具的概要	6/3	6/5	宫下	
制作简易策划书	6/3	6/5	宫下	
宣传、招揽客户				
制作公告、报名网站	6/6	6/10	伊藤	
制作传单	6/7	6/10	江本	
制作电子报内容	6/7	6/10	江本	
寄发电子报	6/11	6/27	江本	
在社群网站宣传	6/13	6/29	江本	
发传单（合作店家）	6/13	6/15	太田	
发传单（车站出口）	6/16	6/29	太田	
活动运营				
活动当日运营（详见附件）	6/30	6/30	铃木	

基本概要

“甘特图（Gantt Chart）”是在项目管理或任务管理时使用的横条图任务一览表，是一种可将工作计划或工作进度可视化并与他人共享的方法。用于个人单独工作时固然也很方便，在多名成员合作时，更能让“谁要在什么时候执行什么工作”变得更明确，同时可彼此共享。

我们在第 3 章和第 4 章思考了具体的策略和目标。通过在甘特图中填入执行日期，便能将策略和目标化为可行的计划。具体而言，首先设定专案的目标和截止日，再倒推回去，整理需要执行的任务项目、日期与负责人。此外，若想更仔细掌握任务与任务之间的关联，可以与 PERT 图（请参照→ 51 ）搭配使用。

使用方法

准备 [列出任务] 设定项目或策略的目标，逐一列出到达目标所需的任务（工作项目）。

1 [整理任务并填入表中] 将任务依类型分类，并依照执行顺序列成一览表。若任务数量太多，我建议各位利用逻辑树状图（请参照→ 05 ）与 MECE 的概念，先制作任务树状图，再完成甘特图。

2 [填入任务的基本资料] 写出各任务的基本资料。左页范例的基本资料包括任务名称、开始日期、结束日期和负责人。此外，也可以视目的另外填入周期（开始日期至结束日期的天数）、进度、完成率等项目。

3 [填入时间点] 将每个任务执行的时间点以横条图填入。在范例中，时间轴的单位是“日”，但也可以设为“月”或“周”，请自行斟酌适当的间隔，设计出让人一目了然的表单。

促进思考的提问

Q. 在达成目标前有哪些任务存在?

Q. 平常是否已掌握工作所需的时间?

Q. 任务有极端地落在某个负责人身上吗?

Q. 是否就算发生意外状况，也能立即支援?

CHECK POINT

- ☐ 必要的任务皆已列出
- ☐ 甘特图已是能与其他成员共享的状态（为了确保共享最新状态，可使用线上工具制作）

41 组织结构图

将事业的实施体制视觉化

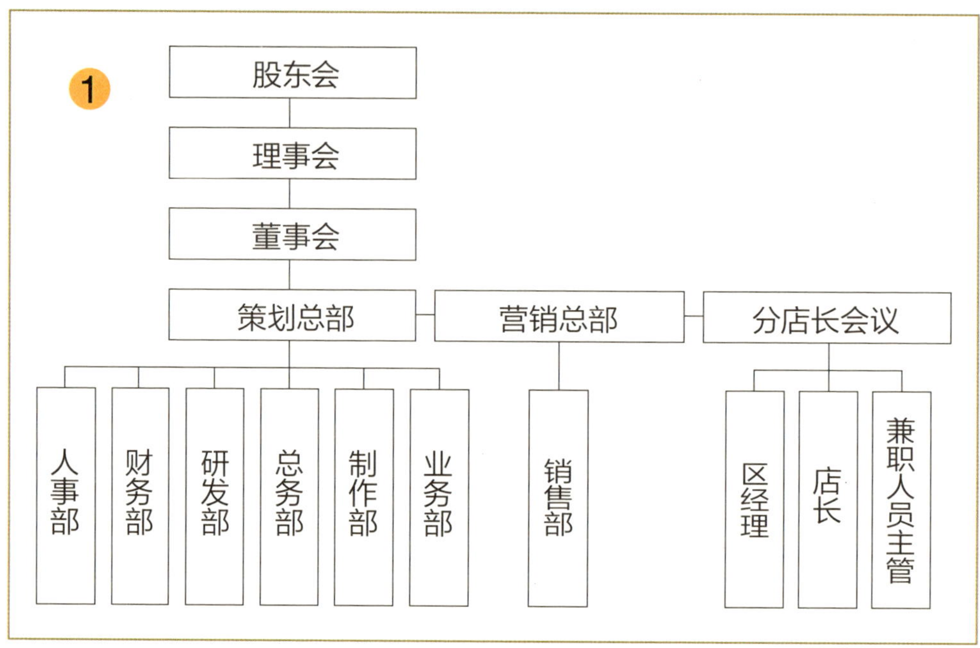

基本概要

“组织结构图”是将企业在执行经营业务时，将各部门的编制、各职位的关联性以图解呈现的图表，有助于掌握整体的功能和各成员的职责。大部分都以树状图呈现，除了各部门的关联性，也一并整理出责任归属、指示、报告的传达路径等。执行新项目时也很有帮助。

另外，活用组织结构图，就等于审视组织的状态。常见的组织包括由上而下的经营者主导型组织、跨部门达成同一个目的的项目型组织、平板型组织等；通过组织结构，可以思考理想的组织构成。

使用方法

准备 [掌握构成要素] 列出并整理构成组织的部门、成员与相关人员。构成要素会根据情况而有所不同，有时可能是公司整体的组织图，有时可能是单一项目的组织图。请视情况决定范围，并事无巨细地列出各个要素。

1 [整理关联性并图解] 整理构成要素的关联性并以图呈现。组织图有许多不同的呈现方法，除了左页范例外，也可以参考下列概念制作。

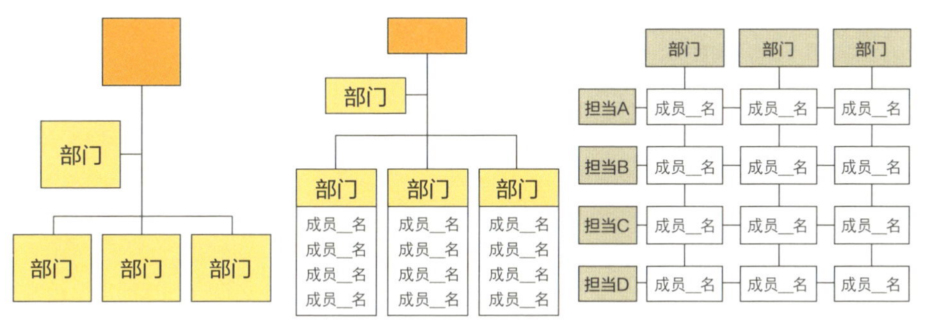

促进思考的提问

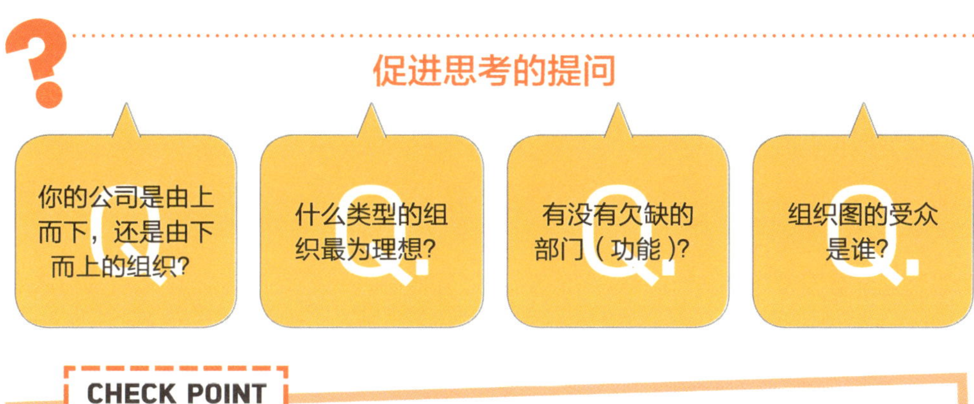

CHECK POINT

- ☑ 指示系统与报告路径皆一目了然
- ☑ 已与相关人员共享组织结构
- ☑ 已有未来该如何强化组织架构

STEP 3 设定目标

将数字放入策略、战术中

在这个步骤，我们会设定目标，并思考设定目标所需的指标。换言之，我们会将具体的数字填入目前为止思考的内容中。距离实现创意，只剩最后一程。

设定目标的意义

先让我们厘清为何要设定目标。听起来或许理所当然，通过设定目标，我们追寻的终点会变得更具体。如此一来也能评估效果，改善策略。

设定目标的另一个意义，是帮助我们避免偏离原来的目的和中长期的视角。当一个人忙于眼前的工作，往往会忘记自己的目标。建议你一开始就制作接下来介绍的“路线图”与伙伴共享，放在随时都能查阅的地方。

设定目标的两个阶段

目标的设定，一般是在制订目的、策略、战术之后，大体分为两个阶段进行。首先设定指标（要测量什么），再设定具体目标值。

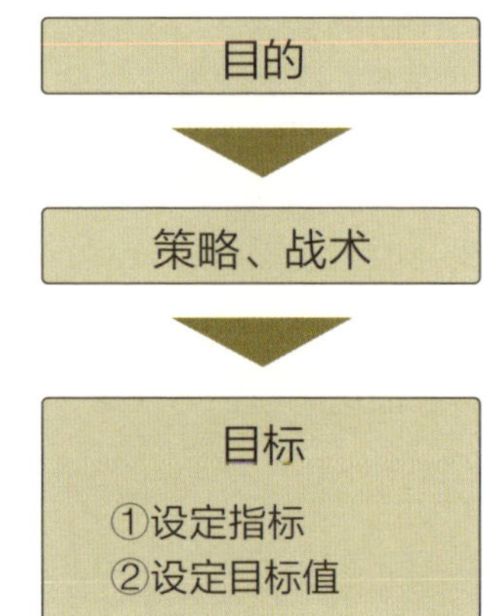

假设目的是“解决人才不足的问题”，战略是“着力于在非毕业季招聘”，而战术之一是“制作非毕业季招聘专用的公司自媒体，招募人才”。这时，招聘媒体的点击次数、求职者咨询次数、面试次数、录取人数等，便成为指标。如此一来，每月有五千次点击、每个月有五件咨询、面试四人、录取一人、半年之内录取六人等，就是目标。

将目标拆开思考

除了目标与指标的关系，另一个重点是“把目标拆解成小目标”的概念。以下介绍两种方法。

第一种方法是将终极目标分为几个阶段。如果目标很难一口气达成，可以根据达成目标的难度，设定多个小目标，便能一步一步朝着目标迈进。重要的是必须思考如何踏出第一步。

分成阶段性目标

第二种方法是拆解目标的构成要素，根据属性设定目标。这个概念就类似目标版的逻辑树状图，也就是在设定目标后，再进一步设定更详细的目标。详情请参考后文“KPI树状图”。

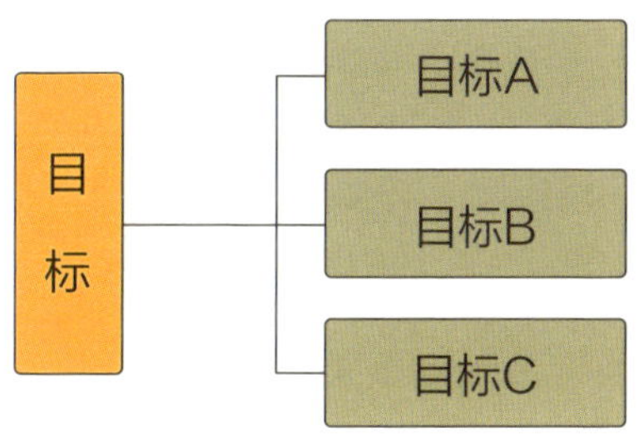

根据属性设定目标

若无法顺利按计划进行，则关键在于反思与改善

设定目标后，剩下的就是安排日程表，努力执行了，不过我想在此先提一下执行之后的重点。

即使运用本书介绍的框架设定了目标，执行之后，也可能遇到无法按计划进行的状况。设定目标并不是终点，而是起点，关键在于必须朝最终目的，不断重复实践与改善的循环。在循环过程中总会出现新问题，但实践的结果也会慢慢累积。以本书的顺序来说，就是再回到第 1 章，重新发现问题，接着再设定课题。为了获得更好的结果，请不厌其烦地持续探究下去。

42 路线图

将到达目标的路径视觉化

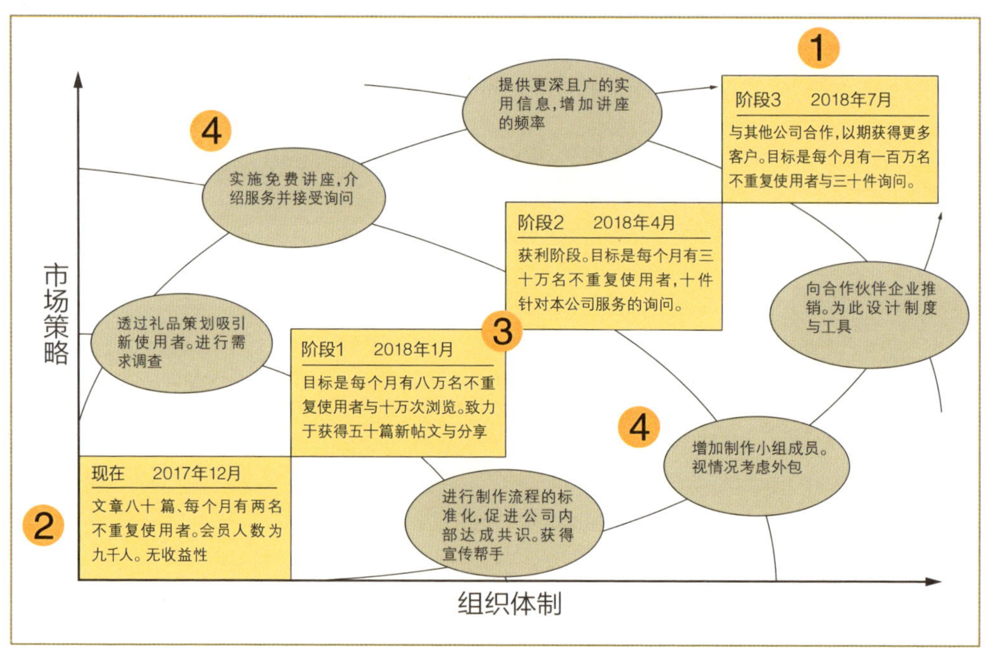

基本概要

“路线图（Road Map）”是可呈现出达到目标前必须经过哪些步骤的预定表。加入时间、成本、必要资源等因素，使迈向目标的路线更为明确，方便与他人共享。

路线图可将一项事业未来发展的长期概念可视化，并与他人共享。同时，在该事业实际运营后，当相关人员对未来走向或着力点产生分歧，路线图也能成为帮大家回到原点的共同语言。此外，路线图亦可用来向投资者、赞助商、合作伙伴等外部资源展现事业的未来性。

使用方法

1 [列出目标] 将想要到达的终点（未来的目标）写在右上角的方框中。为了使计划更具体，请填入日期。

2 [写出现状] 在左下角的方框中，填入在这个目标之下，现状为何。

3 [设定阶段性目标] 设定在达成终极目标之前的阶段性目标。这时的重点是请从终极目标开始回推，设计各阶段应该做的事，而非用从现状开始往上堆的方式思考。

4 [思考策略与体制规划] 思考达成阶段性目标所需的市场策略与组织体制规划。所谓市场策略，就是营销宣传策略、业务策略、产品策略等与对客户提供价值直接相关的策略。而组织体制则包括人才聘用、技术学习、系统建构、资金周转等与组织内部相关的内容。

促进思考的提问

Q. 在达成目标的过程中，有没有可能成为阻碍的事物？

Q. 能否用一半的时间达成终极目标？

Q. 能否用一句话概述各阶段性目标想达成什么？

Q. 每个阶段分别想获得什么？

CHECK POINT

- ☑ 已明确呈现终极目标
- ☑ 第一个目标的等级适当（第一步是否明确）
- ☑ 已描绘出补充不足资源所需的脚本

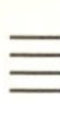

43 KPI 树状图

将指标拆解并统计

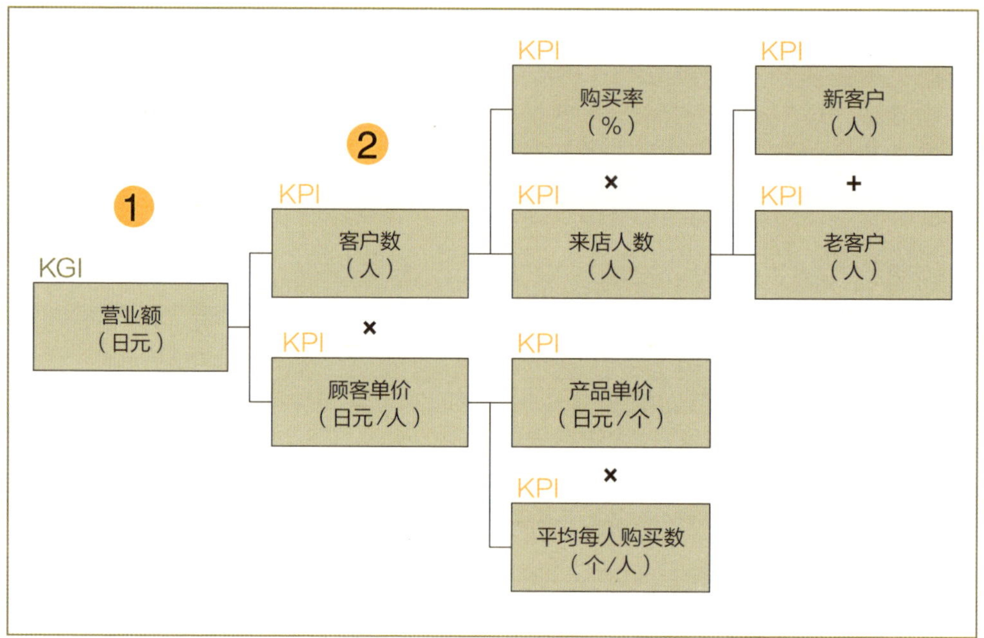

基本概要

KPI（Key Performance Indicator）是关键绩效指标，也就是一种定量衡量业绩的指标。经营事业时，个人或组织应达成的终极目标，则称为 KGI（Key Goal Indicator，关键目标指标）。帮我们将 KGI 拆解成作为阶段性指标的 KPI，用定量方式测量进度，以利改善的框架，就是“KPI 树状图”。一般会如上面范例，绘制成以 KGI 为顶点的树状图。

制作 KPI 树状图，仔细地设定指标并进行评估的优点，就是可以设计具体的策略、进行改善与分工。此外，KPI 树状图完成后，只要再分别设定各 KPI 的实际目标数值，便能制成目标树状图。

使用方法

1 [设定 KGI] 设定作为树状图顶点（目标）的 KGI。范例中的 KGI 是“营业额”。

2 [拆解成 KPI] 思考将 KGI 拆解成什么样的 KPI。在范例中，首先将“营业额”这个 KGI 分成“客户数”和“客户单价”这两个 KPI，再分别细分成更细的 KPI。

补充 拆解为 KPI 时的重点

拆解前的因素，必须能以拆解后因素的加减乘除（＋－ × ÷）来呈现。例如“营业额”这个 KGI，就能用“客户数 × 客户单价”算出。而“来店人数”则可用“新客户＋老客户”呈现。这时必须留意从 KGI 到末端 KPI，计算结果的单位必须保持一致。若想探讨得更仔细，还可依照客户的种类或每样产品继续细分，设定 KPI。

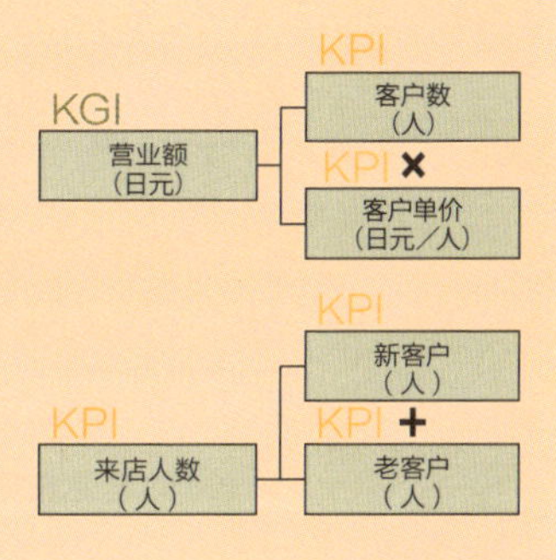

促进思考的提问

- 从头到尾的过程是否都能拆解?
- 成长空间最大的 KPI 是什么?
- 能否从 KPI 获得设计战术的新观点?
- 能否用定量方式测量定性因素?

CHECK POINT

- ☑ 各 KPI 确实以加减乘除的关系呈现 KGI
- ☑ 设为 KGI 与 KPI 的指标皆能实际测量
- ☑ 已明确指出让事业成功的关键因素

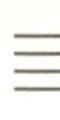

44 AARRR

设定获益前各阶段的指标

	① 客户体验	② KPI	③ 结果	比例	② 目标值
获得 Acquisition	得知此服务的存在，造访网站。注册免费试用账号	1. 初次造访网页次数 2. 免费试用账号注册人数	9500人 6745人	100% 71%	100% 80%
活化 Activation	注册免费试用账号后，在“无限观赏影片”一览页面收看想看的连续剧	3. 注册后，已收看一部以上影片的客户数	5035人	53%	60%
持续 Retention	在首次使用后一周内，再度收看“无限观赏影片”	4. 一周内再次造访网页，收看两次以上的客户数	2090人	22%	40%
获利 Revenue	对服务的质量感到满意，在免费试用后加入月缴 500 日元的付费会员，并继续使用	5. 加入付费会员的客户数	380人	4%	20%

基本概要

“AARRR”是把从获得客户到获利之间的过程分为五个阶段，设定适合各阶段的 KPI（关键绩效指标），验证假设的框架。具体而言，包括“acquisition（获得）”“activation（活化）”“retention（持续）”“referral（介绍）”“revenue（获利）”五个阶段。用漏斗的概念来思考各个阶段，便能更简单地找出最应该优先改善的地方。这里介绍的是聚焦于获得、活化、持续和获利四个步骤的 AARRR 应用范例。

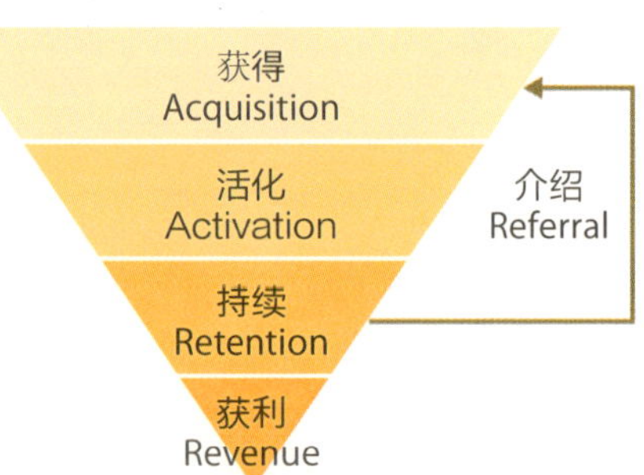

使用方法

1 [写出客户体验的流程] 写出客户经历的主要价值体验。

2 [设定 KPI 与目标值] 设定各阶段的 KPI。范例是将“到达各阶段的人数比例”（下称“比例”）设为目标，加以应用。若要考虑范例中省略的“介绍”，则可将社群网络的分享数或邀请数设为 KPI。

	内容	KPI 设定范例
获得	向客户宣传服务内容，希望客户注册	访问次数、下载数、注册人数等
活化	希望让客户首次使用就获得极高的满意度	使用、操作、体验的次数与时间等
持续	希望能获得持续性的使用（高使用率）	再访次数、再次使用次数、连续使用日数等
获利	希望能获利或提升收益性	购买数、金额、广告播放次数等

3 [构思测量与改善方案] 整理实测资料并进行分析。这时可将重点放在比例上，思考哪个阶段的比例应该提升多少，如此便更容易构思改善方案。

促进思考的提问

Q. 能加速成长的因素是什么?

Q. 必须优先改善哪个阶段的数值?

Q. 该如何将客户体验做到最好?

Q. 能否将 KPI 拆解得更细 [用 KPI 树状图（请参照→43）来拆解]?

CHECK POINT

- [ ] 各阶段的减少率已通过视觉呈现
- [ ] 已掌握客户离去的原因
- [ ] 已有明确的改善方案

45 SMART

提升目标设定的质量

目标设定 增加负责门市的粉丝

Check!!

1 Specific 具体	粉丝的定义为“一个月内再访的客户” 目标是首次来店后一个月内的再访率+30%
2 Measurable 可测	将一个月内的再访率当作指标 计算来店礼通知信里所附之折价券的点阅率与使用率
3 Achievable 可实现	目前的再访率为 8%，但由于之前没有实施过任何策略，所以还有很大的成长空间 达成目标的关键在于与现场工作人员取得共识
4 Result-based 结果导向	若能帮助提升“再访者人数”（率），就能提升组织整体的利益（营业额—成本）
5 Time-bound 具有时效性	在三个月后的月底统计时，达到一个月内再访率+10%

基本概要

“SMART”是一款用于设定优质目标的框架。个人或组织想达成目标时，目标必须具体，且任何人都能明白为了达成目标，有哪些事情是必须完成的。SMART使用“specific（具体）”“measurable（可测）”“achievable（可实现）”“result-based（结果导向）”“time-bound（具有时效性）”五个因素来审视目标，提高目标设定的质量。

最重要的是目标难度的设定。倘若目标太低，组织的能力便无处可用；倘若目标太高，则可能造成后继无力的状况，这当然也不理想。请根据调查数据或现状分析，设定富有挑战性且适当的难度。

使用方法

1 [具体思考目标] 确认目前设定的目标内容是否具体，叙述目标的文字是否浅显易懂。

2 [确认是否可测量] 确认目标的达成率和进度皆处于可用定量方式测量的状态。能以定量方式测量，才能与成员共享并进行改善。

3 [确认是否可实现] 确认目标是否可达成。重点是目标应该设定为稍微有点挑战性，难度不能太高，也不能太低。

4 [确认是否为成果导向] 确认是否与更高一层的目标互相联结。请思考是否能对组织整体的终极目标有所贡献。

5 [确认期限] 思考必须在什么时间之前完成目标。目标必须有期限。

促进思考的提问

Q. 一个好的目标应该具备什么条件?

Q. 阻碍目标达成的因素是什么?

Q. 能否更具挑战性?

Q. 是否致力于设定一个能促进成长的目标?

CHECK POINT

- ☑ 目标设定浅显易懂，任何人都能理解
- ☑ 已界定个人目标与组织目标，并与成员共享
- ☑ 有机会反思目标达成后的结果并进行改善

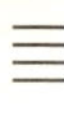

专栏 回测与预测

我们在第 4 章探讨了该如何实现创意。在思考未来蓝图时必须掌握的两种概念，就是“回测（backcasting）”与“预测（forecasting）”。

以未来为起点思考，还是以过去到现在为起点思考

回测是先描绘作为目标的未来蓝图，再以这个未来为起点，倒推回现在的思考方式。当过往的方法无法解决问题，想思考新方法时，便能派上用场。另一个特征是，由于应该努力的目标相当明确，所以更容易绘制通往目标的路线。

近年有越来越多的人使用回测进行规划。不只是商务人士，这个概念对每个人都很重要。本章介绍过的路线图，正是回测的方法之一。话虽如此，回测也并非毫无缺点，遇到必须从现状构思短期计划，或遇到紧急状况时，便不适合使用这个方法。

预测则是以现在为起点来预测未来的方法。在思考短期内的计划，或在分析现状或过去的数据后，根据分析结果拟定策略时，都可以使用。这个方法有助我们利用现状优势，订立具有高实现性的目标。不过缺点是由于一定是站在过去的基础上描绘未来，所以难以想出崭新的创意，未来的目标也比较难确定。

这两种概念各有优缺点，运用框架时，请务必均衡使用，使两者互补，持续修正自己的想法。

改善业务

STEP 1

反思结果

掌握现状，思考下一个行动

从第 1 章到第 4 章，我介绍了各种从设定问题、课题到设计解决方案的过程中能运用的框架。在第 5 章，我将介绍实际执行业务后，反思并改善结果的方法。首先，让我们来看看反思结果的方法。

厘清做得好与需要改善之处

策略、战术等在现场执行的业务，并非执行后就结束，而是必须搭配反思。实际执行后，请将做得好和需要改善之处可视化，以作为下一步的参考。讨论执行与改善过程最有名的框架，就是“PDCA”。

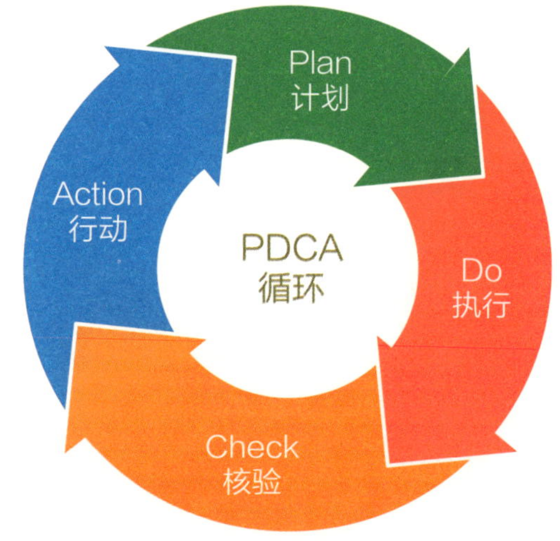

PDCA 是由表示规划战略、战术、业务行程的“plan”，代表执行计划的“do”，表示核验执行成果的“check”以及表示根据核验结果来策划并实施改善方案的“action”四个步骤所组成。本章介绍的“反思”相当于 check 阶段。无论是经营管理者、业务人员或制造业的工人，每个层面的工作人员都能运用 PDCA 的概念。

只将眼光放在执行（do）上，而疏于进行适时和恰当反思（check）的情况时有所见。为了让付出的努力和成本获得最大成效，我们必须确实且有效率地进行反思。

通过反思，将“假设”与“结果”之间的差异可视化

在将做得好和需要改善之处加以可视化的同时，反思还能帮我们厘清“假设与结果之间的差异”。假设是事前预想的内容，例如“只要这样做，应该就能解决问题吧”“目标应该能达成吧”等。尽管预想时已使用许多数据与策略，但实际执行后，仍会发现许多地方不如预想般顺利。思索改善方案的第一步，就是厘清假设和结果（现实）之间的差异何在。

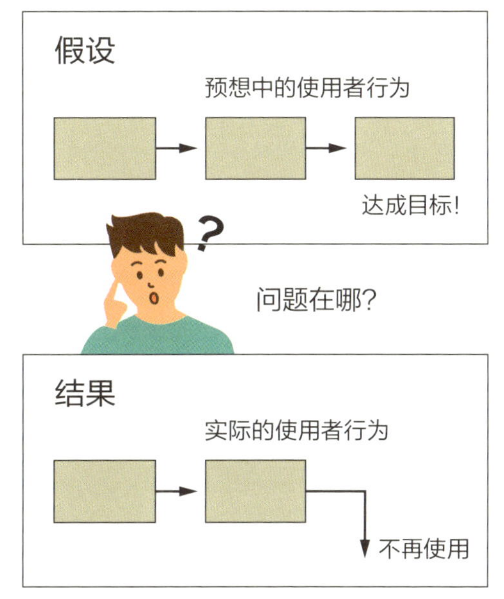

这个步骤将介绍“KPT”“YWT”“PDCA（核验表）”等反思时可派上用场的框架。第 1 章介绍的“As is / To be”也有助于厘清假设与结果之间的差异，可一起运用。

与其追究责任，不如探讨该如何改善

一般人在反思过程中思考问题或失误的原因时，往往容易聚焦于“是谁的错”，演变成追究责任或互相推卸责任。然而一旦追究起责任，重点可能就会变成捍卫个人立场的想法或发言，无法想出促进整个组织发展的好建议。进行反思时，比起追究问题或失误的责任，更应追究问题或失误发生的原因等业务流程或组织架构上的因素，进而探讨改善的方法。召开评估会时，请制定规则，避免流于针对个人的攻击。

46 KPT

反思业务进行过程，思考接下来的行动

1 保持（Keep）

- 透过询问，得知本公司的服务哪里吸引人
- 被称赞“说明得很清楚”
- 已掌握参展流程和必要工具

2 问题（Problem）

- 一心想搜集名片，有时态度不够礼貌
- 内容没有引人注目的亮点
- 参展前后的宣传没有做好
- 案例太少（这次只准备了三个）

3 尝试（Try）

- 准备问卷（事先设定几个一定会问的问题）
- 安排一个人专门负责搜集名片
- 引导对方关注公司的社群网站或加入活动群组
- 将案例增加至十个（可对应不同业种）
- 除了活动通知，同时发送实用信息等，以顾及无法参加展示会的人
- 将展示会上的沟通内容整理成 Q&A

基本概要

“KPT”是一款利用“keep（保持）”“problem（问题）”与“try（尝试）”三个因素反思业务现状的框架，可以帮助整理业务操作上的优点与缺点，思考今后的行动。KPT 的目标，是将每个人在业务进行中所感受到的课题或发现转变为团队的课题或发现。进行 KPT 时，请着重于过程或工作方法，而非只看既定事实或数字上的结果。

KPT 最理想的状况是每周或每月定期实施，而非只单独实施一次。请随时更新 try 的内容，以提升业务内容、工作方法和团队定位的质量。

使用方法

准备 [确认前次的 try] 确认前一次 KPT 中设定的 try 内容（若是首次实施，请直接从 1 开始）。

1 [列出保持的事项] 根据前次设定的 try 与目前的业务状况，写出持续保持的事项（keep）。保持的内容包括做得好、成功的地方。

2 [列出需要改善的问题] 写出 problem。列出问题的目的并不是指责，因此探讨问题的原因即可，不要攻击个人或追责。

3 [列出新的挑战] 根据 keep 和 problem，思考接下来要挑战的新事项（try）。列出 try 时，必须写下可成为行动的句子，例如应该写“将确认的次数增加为两次”，而非“注意不要犯错”。以便在下次的 KPT 中能进行反思。

促进思考的提问

Q. 你发挥了几成的能力？

Q. 对自己来说最大的挑战是什么？

Q. 可以从失败中学到什么？

Q. 有没有反复出现的 problem？

CHECK POINT

- ☐ 已清楚列出有必要改善的事项（已打造可自由发言的环境）
- ☐ 已将 try 作为行动写出
- ☐ 利用 KPT 进行会议的方法已在内部普及，任何人都能主持会议

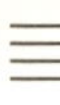

47 YWT

从经验中学习，加以应用

1 Y：做到的事	3 T：接下来要做的事
・审视网站设计、强化宣传（更新不定期发文的公司微博、公众号等） ・撰写并发文（90 篇 /3 个月） ・搜集三个月的访客、用户数据	・将人物画像再次转化为文字，与伙伴共享（同理心地图也由团队全体成员共同制作） ・做好撰写文章的准备（标准化） ・使文章更易阅读（增加视觉要素） ・分配撰文相关工作 ・致力于提升造访次数与响应速度 ・制作介绍服务用的登录页面 ・制作 KPI 树状图，再次审视具体的目标值
2 W：理解的事	
・网站整体设计非常重要 ・重新确认人物画像设定的重要性 ・边考虑 SEO 边撰写文章很花时间 ・了解相对于搜寻次数的平均造访次数 ・改善最重要（文章的修改或补充）	

基本概要

“YWT*”是通过“Y（做到的事）”“W（理解的事）”“T（接下来要做的事）”这三个项目反思，并接着进行下一步的框架。YWT 的使用方法与 KPT（请参照→46）几乎一模一样，唯一的差异是进行反思时，KPT 会将重点放在业务内容、目标或需要改善的地方，而 YWT 则是放在个人或团队从经验中学到的事物。

有一种并非通过知识，而是通过经验来学习的学习形态，称为“经验学习法”，其中有个步骤是反省自身经验，将从中学到的事物概念化，YWT 的 W（理解的事）就相当于这个步骤。重要的是，请将自身的经验化为概念，转换为可重现的知识或技巧。

* 3YWT 取至日语 やったこと（做到的事）、わかったこと（理解的事）、次にやること（接下来要做的事）罗马拼音的首字母。

使用方法

1 [列出做到的事] 写下在策划运营或每天的业务中做到的事（Y）。可以用活动、项目结束的时间点或月底等时间轴来分隔，将该期间内执行的事项视觉化。

2 [列出理解的事] 写出从做到的事项中理解的事（W）。这是找出自己学到了什么、察觉了什么的步骤。如果是多人一同进行 YWT，这便是将个人学习和察觉到的事物与团队共享的步骤。请同时思考成功、失败两种体验，将学到的事情巨细靡遗地列出。

3 [列出接下来要做的事] 根据 1 和 2 的内容，思考接下来要做的事（T），也就是“下次的活动要怎么办”“下个月的业务要怎么执行”等。关键在于反思并不代表结束，而是要持续地实施。

促进思考的提问

Q. 平常是否有学习的目标？

Q. 最辛苦和最有成就之处分别是什么？

Q. 别人从同样的经验中学到了什么？

Q. 能否将学到的东西化为专属自己的理论？

CHECK POINT

- ☑ 可用文字表达自己学到的事物让自己的哪一点有所成长
- ☑ 接下来执行的业务中有自己想学习的事物
- ☑ 已将学到的东西化为概念，可应用在其他场合

48 PDCA（核验表）

针对目标反思结果，加以应用

1 P计划	2 D执行	3 C核验	4 A行动（改善）
致力于提升客户单价。审视客户名单，更新有潜力客户的名单。向三十万日元方案的使用者提出追加方案	有潜力客户名单已完成更新并与伙伴共享 达成拜访三十四家公司，并与其中六家完成商谈 只与一家公司签下一百万日元以上的方案 一家客户续约三十万日元方案	直接拜访让客户留下好印象（其他竞争对手几乎都只通过电子邮件推销） 无法解释清楚两种方案的差异。无法让客户感受到七十万日元差异的好处 现在已经不是本公司客户的企业也记得本公司，感觉似乎在等我们提出策划方案	制作比较各方案优点的资料，并附上案例（委托负责同事制作） 扩大有潜力名单的范围（两年→五年）
目标			
达成两件单价一百万日元以上的方案 拜访三十家有潜力客户，并与其中六家进行商谈			

基本概要

在试图改善业务时不可或缺的“PDCA”，是通过反复进行“plan（计划）”“do（执行）”“check（核验）”“action（行动）”四个步骤，提高业务质量的框架。因为持续反复进行，也被称为“PDCA循环”。对于提升营业额、提高产能、达成目标等各种事项的改善都有帮助。

这里介绍将PDCA概念融入日常业务中的表单用法。以月或周为单位，或以项目为单位来分隔，反思并整理PDCA的各个项目。通过理解业务是一种循环，并反复进行假设与验证，将提高业务质量的循环变成一种习惯。

使用方法

① [写下计划] 写下计划（plan），整理出要在哪个期间内实施哪些业务，同时将目标也一起写出。写出可用数字测量的目标，便能进行有效的反思。

② [整理结果] 反思计划执行（do）后的结果。请写下具体执行的事项、发生的事实、结果与计划之间的差异等。

③ [整理评价或新发现] 对结果进行核验（check）。整理出做得好、需要改善和其他留意之处。

④ [思考改善方案] 思考改善方案（action）。可立即修正的问题就立刻处理，下次进行业务时才能修正的事项则列入计划中。重复①～④，直到达成目标。

促进思考的提问

Q. 每个行动是否都具有意图?

Q. 该如何提高成功率?

Q. 目标与执行结果出现差异的原因为何?

Q. 你在这次活动期间学到了什么?

CHECK POINT

- ☐ 计划是在有假设的前提下订立的
- ☐ 通过核验，已掌握成功与失败的因素
- ☐ 已具体提出改善方案

STEP 2 将业务状态可视化

逐一审视正在执行的业务，进行评价

此步骤要将正在执行的业务可视化，审视以整体而言，目前存在哪些业务，各项业务的执行状况是否良好，有没有问题，以便构思改善方案。接下来将介绍适合日常业务使用的框架，以及希望你能放在心上的观念。

业务盘点

业务盘点就是将业务的种类和内容列出，把目前存在什么样的业务、分别需要耗费多少成本等信息加以可视化。同时，也会通过调查，整理出各部门、各负责人每天花多少时间在哪些业务上。

改善业务时，必须思考该如何使业务流程（flow）或每项业务内容变得更适合并恰当。盘点可以说是为了达成这个目的而总览业务的工作。盘点业务时，必须统计每个职位的员工一天做了些什么，将他们的业务仔细列出。也有另一种方法，是选取某段时间的日报表，或进行访谈、观察，罗列出业务。没有业务标准的组织，往往连组织内存在什么样的业务都无法掌握，因此光是执行这份工作，便能得到许多收获。

每项业务之间都有关联

将业务可视化时，必须认知到各业务并非单独存在，而是与前后的业务互相联结的。通过业务流程，即可具体深入探究这一点。

业务流程正如其名，具有“流”的意思，而将该内容可视化后的成果，便称为“业务流程图”（详后述）。只要制作这张图，不但能把各业务的流程和关系可视化，更能厘清各业务会受到什么样的“判断”影响。

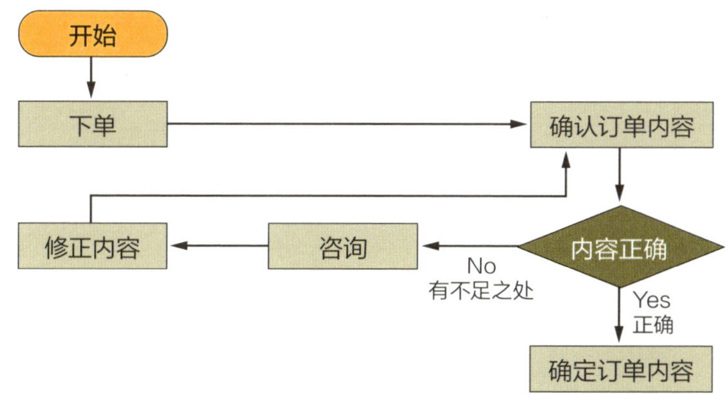

如果能进行业务盘点与业务流程图，想必就能确认业务应有的样貌。假如再加上“PERT 图”，便能掌握执行业务的时间成本（所需时间）。

业务盘点请由跨部门成员进行

盘点业务或确认流程时，请尽量让其他部门同事也能参与，避免由单一部门的成员进行。业务划分得越细，就越难掌握组织里哪个部门在进行什么业务。通过跨部门的业务可视化，可找出重复的业务，或通过合作而提升效率，有助于发现更大的作用。

49 业务盘点表

整理现有业务的一览表

1

大分类	中分类	小分类	频率
柜台业务	接待来馆客户	介绍设施	每周
		接待客户	每日
		接受客户询问	每日
	接待会员	管理入馆 / 离馆	每日
		接受 / 取消预约会议室	每日
		更新社群广告牌	每周
后勤业务	客户管理	输入 / 整理客户信息	每日
		管理会议室租借事宜	每日
		寄送活动消息给会员	每月
	其他事务	打扫业务	每日
		制作运营报告书	每周
		收取会费	每月

基本概要

业务盘点就是将目前的业务一一列出并整理。“业务盘点表”有助于将业务内容可视化，且不会遗漏或重复。当团队成员了解整体业务的样貌，便能整合相同的业务，或将自己不擅长的事务委托给擅长的人处理，帮助挑出需要改善的地方。

这时需要注意“确保成员对业务内容有相同的认知”。例如上面范例中的“介绍设施”，究竟应该做到向客户说明设施就好，还是连感谢函都必须寄送。请确保每个人对业务的开始和结束都具有相同认知。在将业务逐一列出的过程中，请让每位成员取得共识，打造共同语言。

使用方法

准备 [逐一列出业务] 将各部门、各职位的成员每天进行的业务逐一列出。如右图所示，可以顺着一天的时间，将业务内容写在便利贴上。将时间范围调整为一周、一个月或一年，便能逐渐掌握整体状况。

时间	执行的业务
7:00	
8:00	打扫会议室
9:00	办理入馆手续
10:00	
11:00	接待来馆客户
12:00	
13:00	接受询问
14:00	
15:00	搬行李
16:00	整理
17:00	工作人员会议
18:00	
19:00	办理离馆手续
20:00	
21:00	更新网站内容
22:00	制作报告书

1 [将业务项目一览化] 将列出的业务内容依照种类或等级进行分类整理。分类时，请像制作逻辑树状图（请参照→ 05 ）一样，留意内容的层级是否一致。

补充 其他需要思考之处

有时必须根据目的，整理执行频率、执行所需时间、负责人、人数、高峰期、执行难度、待改善处等。

促进思考的提问

Q. 自身公司存在哪些业务？

Q. 整体业务有几成已经标准化？

Q. 有没有不被认为是业务的附加工作？

Q. 有没有不知为何存在的业务？

CHECK POINT

- ☐ 已整理出现有的业务一览
- ☐ 分类的抽象度（层级）具有一致性，如“小”等
- ☐ 成员对业务名称及内容有相同的定义

业务流程图

将业务的流向和关联可视化

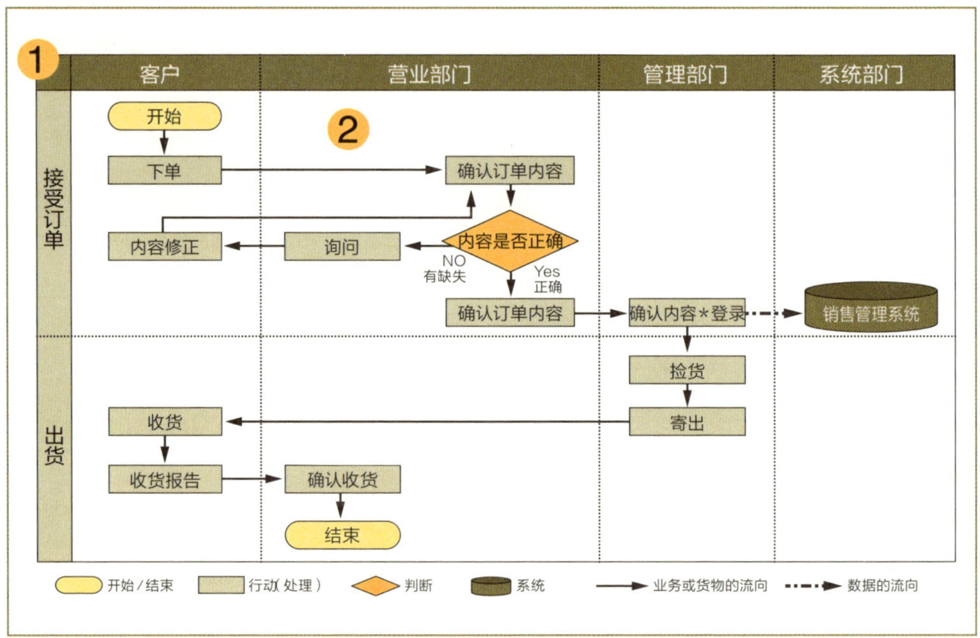

基本概要

“业务流程图”是将业务流程图表化，便于通过视觉掌握的方法，可以让我们清楚看见公司里存在哪些业务，而这些业务是由什么人、在什么时候、因为什么、根据什么判断而进行的。此外，更可帮助成员取得共识，提高业务的可重现性。

制作业务流程图时，一般以四边形表示行动，再用箭头依序连接。当信息量过多、流程太复杂，请拆成多个流程图制作。可先制作一个大略呈现整体状况的整体流程图，再从中撷取一部分制作部分流程图，也就是分成两阶段、三阶段来思考。

使用方法

准备 ［列出业务内容］决定要分析的业务，逐一列出执行该业务时所需的每个行动（处理）。最重要的是，在这个阶段，就应该明确定义业务的开始和结束，例如业务流程的最后是“确认收货”，还是包括之后的“收款”，必须将界线划分清楚。

1 ［设定部门与大致的流向］在横向栏位填入与此业务相关的部门（此纵列又称为“泳道”）。左页范例填入的是客户、营业部门、管理部门与系统部门，有时也会填入总务、研发部门或经营者、人事部主任等职位。

2 ［绘制流程图］顺着流向整理各项行动。这时请特别注意业务之间的关系和分歧条件是否明确。左页范例呈现的是从客户下单到收取货品并确认之间的流程，如果再加入会计相关业务，就必须填入制作付款申请单、收款等。请在整理的同时，确认业务或相关人员是否有所遗漏。

促进思考的提问

- 能否向其他部门的成员说明整体流程或细节？
- 业务的交接是否顺畅？
- 能不能更精简地呈现？
- 同一业务的流程是否相同？

CHECK POINT

- ☑ 流程的起点和终点皆明确
- ☑ 各行动的内容皆明确
- ☑ 判断的切入点和分歧的基准皆明确

51 PERT 图

整理业务之间的关联，思考耗时最短的流程

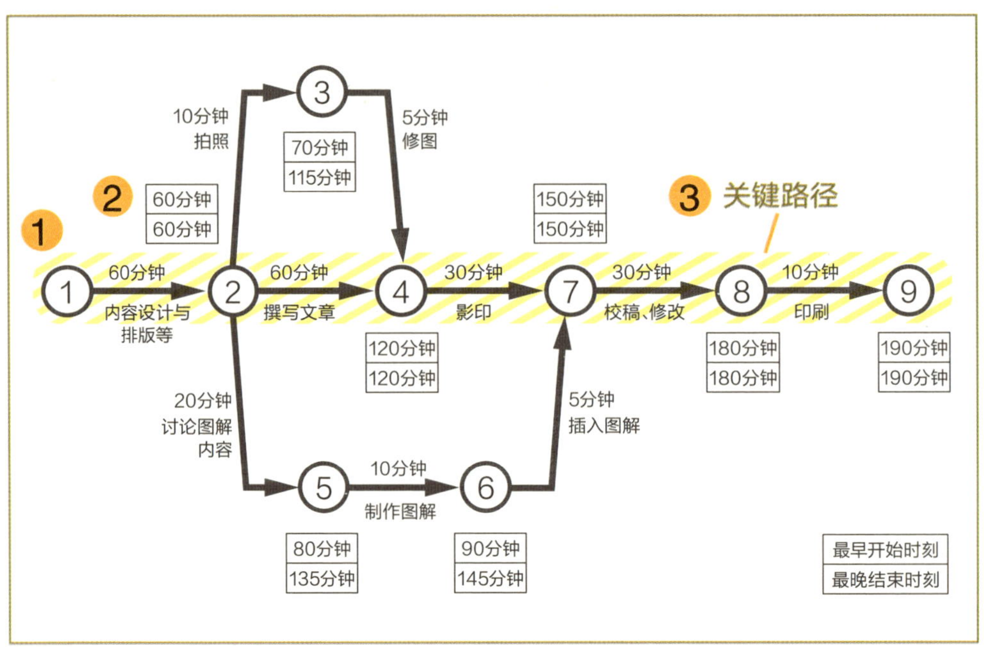

基本概要

“PERT（Program Evaluation and Review Technique）图”是将业务流程与所需时间用图表呈现，以拟定业务计划的方法。许多项目都包含多种业务，有时一项业务延迟，就会拖慢整个项目。想要在有限的时间内达成目标，就必须掌握每项业务的“最晚结束时刻”，确认管理进度时应将重点放在哪里，以避免计划延期。PERT 图能同时将耗时最短的流程可视化。

PERT 图是以表示各流程的“○”与表示工作的“→”构成，各工程下方，则会整理出“最早开始时刻（最早可开始动工的时间点）”与“最晚结束时刻（就算从容地执行，也不会产生问题的最晚时间点）”。

使用方法

准备 **[掌握业务]** 将必要的业务写下，并设定每一项业务所需的时间。在这个阶段，可以用便利贴或 Excel 条例式列出。

① **[整理流向]** 用箭头连接各流程，以图示呈现。箭头旁请写上完成该项业务所需的时间。

② **[计算时间]** 写出能开始着手各项业务的时间点，计算时间。设定最早开始时刻时，原则上是从左侧依序加上时间。相反地，设定最晚结束时刻时，则是从右侧依序减掉时间。

③ **[掌握关键路径]** 用箭头连接最早开始时刻与最晚结束时刻相同的业务，而这个箭头就称为“关键路径（critical path）”。这些业务是时间较紧迫的业务，更是一旦延迟，就会影响整体的重要业务。在左页范例中，②的后面有三项业务并行，但中央处最花时间的流向，就是关键路径。

促进思考的提问

- 是否考虑到前后的业务？
- 业务延期的原因为何？
- 有没有能缩短时间的技巧？
- 有没有让各业务更有效率的方法？

CHECK POINT

- ☑ 关键路径明确
- ☑ 资源分配适当，有助于最短时间进行业务
- ☑ 整体而言，有预留发生问题时的缓冲时间

52 RACI

将角色与责任变得明确，并与伙伴共享

业务内容 ①	① 铃木	岩井	谷本	关	安达
制作策划书	R / A ②	I	I		C / I
制作需求定义书	A	R	I		C / I
制作功能设计书	A	R	C / I	I	I
研发计划及实施	I	R / A	R	R	I
测试计划及实施	I	A	R	R	C / I
应用设计	I	A	R	R	C / I
制作标准流程	I	A		R	I
使用者教学	I	A		R	C / I

基本概要

“RACI”是整理并厘清业务职掌与责任，并通过共享使事业运营得更顺畅的框架。RACI 是由“responsible（负责者）”“accountable（当责者）”“consulted（被咨询者）”“informed（被告知者）”四个词汇的前缀组成，在使用时必须设定这四种角色。

负责者（R）	负责执行业务
当责者（A）	负责向组织内外说明业务内容、进度、状况
被咨询者（C）	负责支持业务执行（发生困难时可提供意见的人）
被告知者（I）	负责接受与业务进度相关之最新消息（接受报告的人）

使用方法

1 [列出业务与负责人] 写下要进行 RACI 的业务内容与各负责人。业务内容有时必须具体列出，有时也可以项目为单位列出。左页范例的负责人虽然写到“个人”，但有时也可填入部门或职位，请依目的自行设定适当的栏目。

2 [设定 RACI] 针对各业务事项，整理出 RACI 的角色各由谁担任，并逐一填入。假如负责者与当责者为同一人，则可写作“R/A”。同样地，有时也会出现被咨询者和被告知者为同一人的状况。顺带一提，这两者的不同，在于被咨询者是在业务执行前共享信息的人，而被告知者则是在业务执行后共享信息的人。在设定完 RACI 之后，请确认各角色有没有界定不明之处，再将表单置于成员皆可查阅的地方共享。

促进思考的提问

- 什么是责任？
- 若责任和角色不明确，会出现什么问题？
- 有没有你认为“总会有人去做”的业务？
- 想扮演好自己的角色，必须采取哪些行动？

CHECK POINT

- ☑ 各业务的角色和责任已可视化
- ☑ 各成员之间的联络管道通畅
- ☑ “报告・联络・商量”的流向明确

STEP 3

思考改善策略

找出让现状变得更好的方法

这个步骤将介绍在反思过后，准备实际进行业务改善时可派上用场的框架，也就是在执行 PDCA 循环的 action（行动）之前应该先知道的方法、想法和观点。

站在“要改善什么”的视角（What）

改善就是修正有问题的地方，使现状变得更好。

为此，我们必须先替过去实施过的事项评分，将其分类为“做得好的地方”与“有问题的地方”。前面介绍的 KPT 等框架，就相当于这个分类方法。

紧接着，我们将进入实际的业务改善工作。首先将“做得好的地方”再细分为“继续保持”和“思考更好的方法”；接着将“有问题的地方”再细分为“只要做些改变就能变好”和“停止执行”。

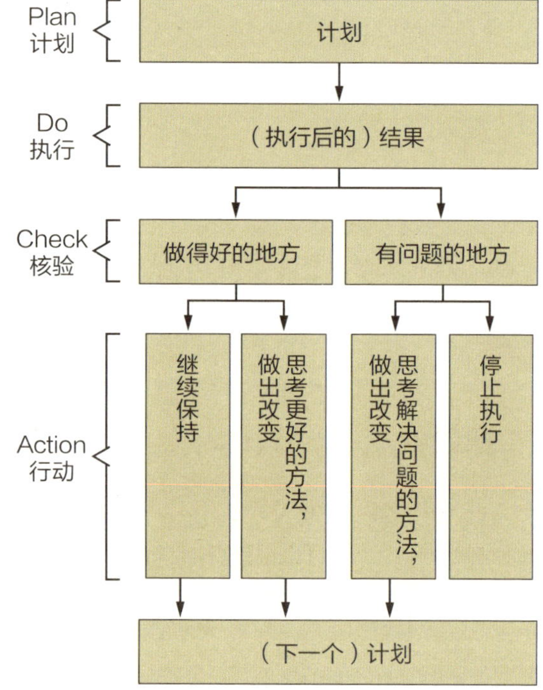

为什么要这样分类呢？

因为所谓的改善，就是“让已经做得很好的事情变得更好”和“现在虽然做得不好，但下次可以做得好”。除了前几个步骤介绍的框架，也请利用“不足、过剩、不均”等框架，找出可以改善的业务。

站在“为了更好”的视角（How）

挑出需要改善的业务后，接着必须思考该如何改善。常见的观点包括“能不能删除这项业务”“能不能减少这项业务的工作”之类“缩小”的视角，或“能不能和其他业务合并，以降低成本”这种“整合”的视角，等等。请不要只是模糊地说“未来要更谨慎地做”或“未来要更迅速地处理”，重点是应该思考具体的状态和做法。

<思考改善方案时的观点（切入点）>

除去、删除、缩小、缩短、取代、变换组合、整合、分离、调整顺序、简略、发包、自动化等。

后述的“ECRS”正是提供上述观点的框架之一。请各位自行将上述观点互相搭配应用。

这个步骤最后将介绍一份由业务现场成员提出改善方案的表单范例。业务改善不应只停留在改善个人业务，应该包括会议进行方式等针对组织整体的改善，同时努力使组织内所有成员对此达成共识。

把最佳状态视为标准，不断更新

针对有问题的业务执行改善方案，打造出最佳状态后，再将其制作成员工手册。制作员工手册可以让业务有标准流程，提升可重现性。此外，员工手册也是一种工具，即使成员增加或更替，也能进行相同的业务。

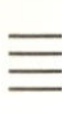

53 不足、过剩、不均

找出效率不佳的业务，加以改善

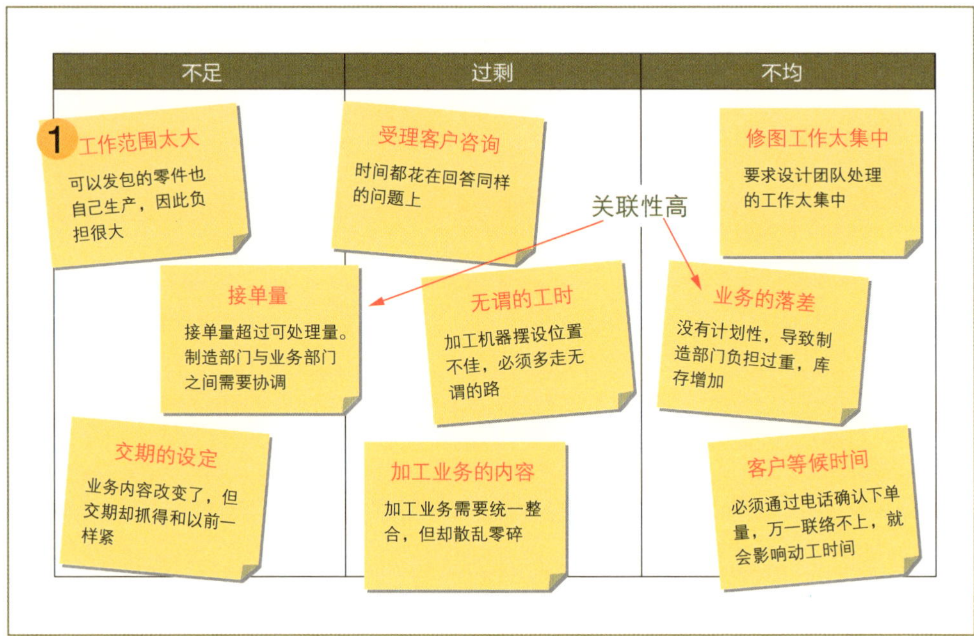

基本概要

“不足、过剩、不均”是找出为了达成目标而投注的资源（时间或金钱等）有什么问题，并加以改善的框架。“不足”指的是达成目标所需的资源不足，处于负荷过高的状态。相对地，“过剩”则是投注了过多的资源，使得资源无处可用的状态。“不均”则是工作项目没有标准化，导致因为人或时间点的改变而出现不同的做法，呈现不足或过剩的状态。

不足	确认计划、交期、价格（降价）、能力、质量等
过剩	确认时间、工程（工时）、管理、调整、重复、库存、场所、移动、搬运等
不均	确认顺序、时间、管理、忙碌程度、身心状态（心情或健康状况）等

使用方法

准备 [列出业务]将现有的业务逐一列出。若要使用业务盘点表（请参照→49），请准备表单。

1 [挑出有问题的业务]从现有的业务中挑出效率不佳、有问题的业务项目。挑选时，请同时写下该业务项目属于不足、过剩、不均中的哪一种，以及具体有哪些问题。

补充 如何列出有问题的业务

建议将有问题的项目与概要一并写在便利贴上。先将业务项目视觉化，再补上相关问题。

有问题的项目

受理客户咨询

时间都花在回答同样的问题上

问题的概要

2 [思考改善方案]将整理好的有问题业务按改善优先级排序，从较优先者开始思考改善方案。

促进思考的提问

Q. 有没有业务项目的做法和十年前相同？

Q. 为什么会出现不均？

Q. 有没有自以为理所当然的事？

Q. 有没有同时出现多个问题的业务项目？

CHECK POINT

- ☑ 已掌握效率不佳的业务项目
- ☑ 伙伴皆对问题的现场状况有共识
- ☑ 已锁定遇到瓶颈的业务项目

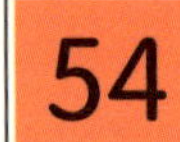

54 ECRS

思考让业务更有效率的改善方案

业务内容	E（删除）	C（合并）	R（重整）	S（简化）
1 受理客户咨询	不用电话，改用文字交谈 2	决定负责人，使咨询工作一元化	限制服务时间	设计让客户先行阅读 FAQ 的路径
制作内部报告	减少需要制作报告的业务			改为只需在全公司共用的网络表格中填写内容即可
每周定期会议	废止定期会议	整合为每个月一次的定期会议	让分店的员工可在线参加	
各部门每月实施的读书会	废止读书会，增设提供个人学习用的预算	跨部门实施。也能促进各部门交流	将读书会的营运工作外包	将三小时的讲习改为五十分钟的晨会

基本概要

“ECRS”有助我们构思让业务更有效率的改善方案。具体而言，这个框架是从“eliminate（删除）”“combine（合并）”“rearrange（重整）”“simplify（简化）”四项切入，思考改善方案。

在这四个切入点当中，当属 E 的改善成效最高，其次依序是 C、R、S。最先应该考虑的是直接删除（使它不做也无妨）该业务项目。当我们针对一直以来都理所当然进行的业务，提出“为什么需要这个业务”时，往往会发现原来可以省略、简化的业务超乎想象的多。请广泛将业务的内容、流程、顺序、时间、素材、组合、场所、负责人等各种因素代入 ECRS 中思考。

使用方法

1 ［挑出业务］写出想改善的业务。首先将平常进行的业务项目列成一览表，再从中选出有问题的业务。建议善加运用“不足、过剩、不均”（请参照→ 53 ）。

2 ［提出改善方案］针对挑出的业务项目，从 ECRS 切入，思考改善方案。先不用考虑可行性和性价比，专心抛出建议。

补充 **如何列出有问题的业务**

建议将有问题的项目与概要一并写在便利贴上。先将业务项目视觉化，再补上相关问题。

删除（E）	除去、停止、删除、省略、撤退、放手等
合并（C）	整合、整理、结合、集中等
重整（R）	取代、置换、代替、更替、交换、外包等
简化（S）	简化、减少、缩小、精简等

3 ［决定优先级后执行］从改善方案中选择切实可行的建议并执行。可将成效良好的项目反映在员工手册中，加以标准化，与全员共享。

促进思考的提问

Q. 各业务存在的目的为何？

Q. 提高产能会带来什么好处？

Q. 有没有让来自其他业界的伙伴觉得不对劲的地方？

Q. 有没有根本没发挥效用的 IT 工具？

CHECK POINT

- ☑ 不受限于前提，依照 ECRS 的各项目抛出建议
- ☑ 已找出可行且效果佳的方案
- ☑ 伙伴皆已达成提高产能的共识

55 业务改善提案表

听取来自现场的真实声音

主题：访客信息共享　　制作日期 18/8/21　　制作者 总务 / 高桥

1 现状	没有共享访客预约状况，有时会让客户等 有时会议室都满了，只好从办公室转移到附近的咖啡厅
2 改善内容	在白板上填写访客信息 在门口设置写有访客信息的迎宾板
3 预期成效	事前共享访客信息，无论谁去接待客户，都能顺畅地引导， 不会让客户感到有压力或不安
4 所需成本	迎宾板：约 5000 日元 负责人填写访客信息的时间：5 分钟 / 日

基本概要

业务往往会随着部门、负责人和情况不同而出现不同问题，负责人若只在会议室进行工作确认，将无法发现业务现场的真实问题。因此我们必须仔细听取成员感受到的问题、不满或疑惑之处。

“业务改善提案表”就是解决上述问题的工具，可运用在业务现场成员对组织提出改善方案时。列出问题与改善方案，整理预期成效和所需成本，便能制作一份简易的提案资料。想要活用这份表单，就必须先打造可接受改善提案的内部制度和鼓励提案的环境，孕育出全体同人齐心改善组织的文化。利用业务改善提案表直接听取各方意见，也是不错的方法。

使用方法

1 [填入现状] 列出觉得有问题的业务内容。请将什么地方有什么问题简明扼要地写下。这时最重要的是必须一并写出问题的原因。

2 [填入改善内容] 写下提案，建议如何改善。请从定量资料、定性资料两个方面思考具体内容。

3 [填入预期成效] 写下通过2的改善方案所能得到的好处。请特别写能让人感到提案具有吸引力的信息，以及做决策时必须了解的资讯，并加以整理。

4 [填入预计成本] 假如提案的实施需要成本（人力或金钱），请填入所需的成本概要。比较2和3，最理想的状态是能掌握性价比。此外，若填上“实际上需要多久才能改善”等有关时间的预估，便有助于进行决策。

促进思考的提问

- 对业务环境的满意度大约是几成？
- 在业务现场听到的不满或抱怨内容是什么？
- 有没有只有负责人知道的技巧或知识？
- 如何让工作变得更快乐？

CHECK POINT

- ☐ 组织内部已有完善的制度与流程可接受业务改善提案表
- ☐ 填入的问题皆合理（不可流于形式或带有情绪）
- ☐ 改善内容皆可行

专栏　筹划会议时应留意的重点

我们在第 5 章看到许多反省业务内容、改善问题的方法。包括 KPT 和 YWT，许多框架的使用频率都很高。

而在这里，我希望你留心的是有关主持会议的问题。世上没有比毫无目的、只是浪费时间的开会更无谓的事情了，负责筹划会议的人，必须事前思考这场会议为何而开。

召开会议前必须明白的 OARR

“OARR”这个框架简单整理了会议筹划者必须掌握的四个重点：

Outcome（成果）	目标、成果
Agenda（议程）	评估项目（议题）、流程
Role（角色）	工作分配
Rule（规则）	规则

第一个“outcome”要思考的是“这场会议为何而开”、“会议的目标是什么”；第二个“agenda”要思考的是“为了达成目标，会议上必须讨论什么”，并且分配时间；第三个“role”则是决定在会议进行前、中、后，由谁负责什么工作。除了司仪、会议记录等基本的角色，也可列出事前调查结果等会议资料，将工作分配下去；第四个“rule”则是为了让会议进行得有意义而要求与会者遵守的规则。除了把手机调成振动模式等具体规定，也应该制定“当别人发表意见时必须听到最后”“尊重不同意见”等有关态度的规定。

第6章

管理组织

全体明确并掌握目标

厘清组织存在的意义，凝聚向心力

第 6 章即将介绍的框架，是有助于打造组织或团队的利器。在第一个步骤，我们要比较组织的未来与每个人心中的未来，使其变得一致。让我们一起思考组织与个人应有的样貌（或想要成为的样貌）。

组织存在的目的是什么——人总是因目的而聚集

负责运营或管理组织的人，有义务决定并对外说明该组织存在的目的。这时不可或缺的方法，就是“任务、愿景、价值”。先有对组织而言的 why（任务、存在意义），再进一步厘清与 why 相连的 what（愿景、未来想成为的姿态）和 how（价值、行动方针）；一般认为最重要的因素是 why（详见后述）。

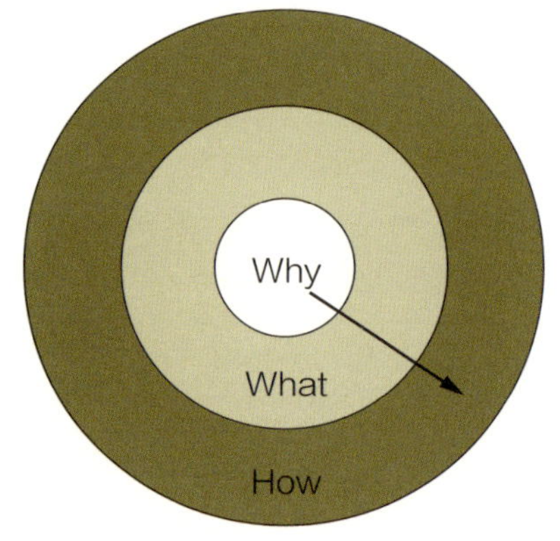

关键在于，随着目的的设定方式不同，能吸引到的人也会不同。例如提出“研发年轻人喜爱的新款鞋，追求业界 No. 1”口号的公司，与提出“让每个人都能轻松挑选鞋子，实现健康生活”概念的公司，获得认同的人群想必截然不同。

无论是领域种类或规模大小，都没有标准答案，但只要是作为一个想对社会有所贡献的组织，就应该站在当事者的角度来设定目的，思考自己究竟想解决谁的哪些烦恼，或社会上的哪些问题等。

增加组织目的与个人目的重叠

接着，我们要思考组织与隶属于该组织的成员之间的关系，以及关系中的“目的”。如果想培育一个永续性的组织，不但组织的目的必须明确，每位相关成员的目的也必须明确。

倘若组织的目的与个人的目的南辕北辙，便难以获得成果。即使组织的社会性很明确，假如员工的目的只是金钱，也就是双方目的不一致，那么组织的能力势必无法完全发挥，甚至可能瓦解。

增加组织和个人在目的上的重叠，是打造一个强而有力的组织不可或缺的因素。在团队组成由纵向转为横向、个人工作方式呈现多元化的现代，厘清目的并与成员共享显得尤为重要。

成为领导者必须率先努力倾听每位成员过着什么样的人生、想要达成什么目标。在这个步骤介绍的“任务、愿景、价值”“Will / Can / Must”“Need / Want 矩阵”三个框架，尽管形态不同，但却拥有将“想做什么”，也就是“对什么抱有热情”加以可视化的共通点。假如能了解一同工作的成员有什么梦想，并给予支持，这个组织想必大有可为。

除了在刚成立组织的时候，当几乎把所有精力都花在追求一个数字上的目标时，请你务必回想初衷，问问自己“到底为了什么而做”。

任务、愿景、价值

厘清组织的存在意义与行动方针

1	任务 Mission	• 透过食物，替人们的生活送上安心与幸福 （吃就是生活。我们借由增加享受美食的机会，为人们的幸福做出贡献。）
2	愿景 Vision	• 打造让每个人都能享受美食的场所 （首先，我们要让人们与美食邂逅。接着，我们要透过美食，打造一个能促进人与人交流的场所。我们会不断更新美食的定义。）
3	价值 Value	• 感谢美食 • 珍惜笑容 • 持续尝试

基本概要

“任务、愿景、价值”是为了定义组织在社会上存在的价值与扮演的角色，并与伙伴共享的框架；许多组织会将它当作企业理念或精神标语。它能厘清每位参与组织活动的成员隶属于这个组织、在这里工作的原因，帮助凝聚向心力。另一个作用，是让他人看见后，也能一目了然这个组织存在的意义。

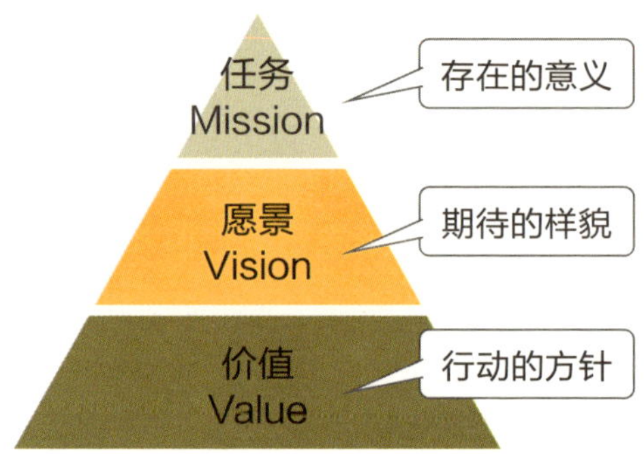

使用方法

1 [定义任务] 任务代表组织存在的意义。如果只是解决个人课题等范围较狭隘的任务，是无法吸引他人、凝聚向心力的。请思考世界上有哪些课题、为什么自己所属的团队必须设法解决，也就是设定一个与社会有所关联的任务。

2 [定义愿景] 愿景是指中长期而言希望达成的样貌、目标。请定义当愿景在不久的将来实现后，组织会是什么模样。

3 [定义价值] 价值是为了实现任务与愿景的重要价值观与行动方针。请在这里定义组织“应有的样貌”。

补充 **让任务、愿景、价值在组织内普及**

任务、愿景、价值是组织的方针，因此最重要的是将它作为精神标语，或举行研讨会加以说明，让后来加入组织的成员也能理解。

促进思考的提问

- Q. 世界上存在哪些课题？
- Q. 万一本公司明天突然消失，世界会改变吗？
- Q. 如果自己是求职者，能否对任务感同身受？
- Q. 这个任务是否具有必然性？

CHECK POINT

- ☑ 已找出“我们公司是为了什么而存在”这个问题的答案
- ☑ 组织全体成员都已理解任务、愿景、价值
- ☑ 设定好的任务、愿景、价值具有一贯性（没有动摇）

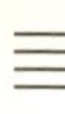

57 Will / Can / Must

寻找能发挥最高效能的场所

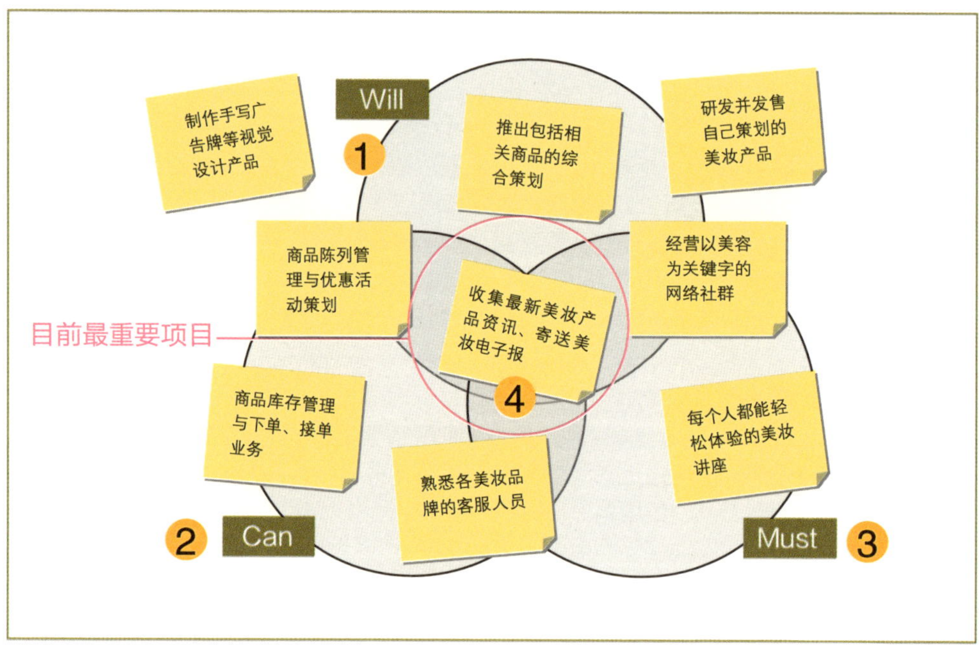

基本概要

“Will / Can / Must” 这款框架，会通过 “will（想做的事）”“can（能做的事）” 与 “must（必须做的事）” 三个要素来整理业务，帮我们找出最值得执行的业务。思考组织的目标和行动以及业务现场成员想做的事，加以比较，是提升组织整体效能时不可或缺的工作。请与成员共享每个人想负责哪些业务项目、目前对什么最有热情。

范例里默认的是工作讨论的形式，但最后还是会保存文字数据。另外，will、can、must 的内容会随时间改变，建议定期整理。

使用方法

1 [列出 will] 写下在事业、业务或社会中自己想扮演的角色或想做的事。除了目前已经在做的事情，也请想想尚未着手的事。规模大小不拘，请把浮现在脑海中的项目全数列出。

2 [列出 can] 写下自己有能力做到的事，例如自己擅长的领域、专业技术或经验等。亦可写下现在还做不到，但只要加以学习，便有把握在短期内实现的能力。

3 [列出 must] 思考自己应该做的事。例如组织或社会对自己的要求是什么；至少必须扮演什么角色；为了达到经营目标，自己应该做什么；等等。

4 [找出重叠的部分] 列出1～3后，找出三者互相重叠的部分，并思考该如何应用这个部分。此外，这里介绍的顺序是1～3，但实际执行时，可以从比较好写的开始写。

促进思考的提问

Q. 目前 will : can : must 的比例大约是多少？

Q. 在自己的业务范围中，能为他人带来快乐的是什么？

Q. 哪项业务会让你一不小心就忘了时间？

Q. 人生的目的是什么？

CHECK POINT

- ☑ 已找出或推测出 will、can、must 重叠的业务
- ☑ 已想出未来可做些什么来增加重叠的部分
- ☑ 组织的 will、can、must 也很明确（可使用于组织层级）

58 Need / Want 矩阵

整合组织与个人的努力方向

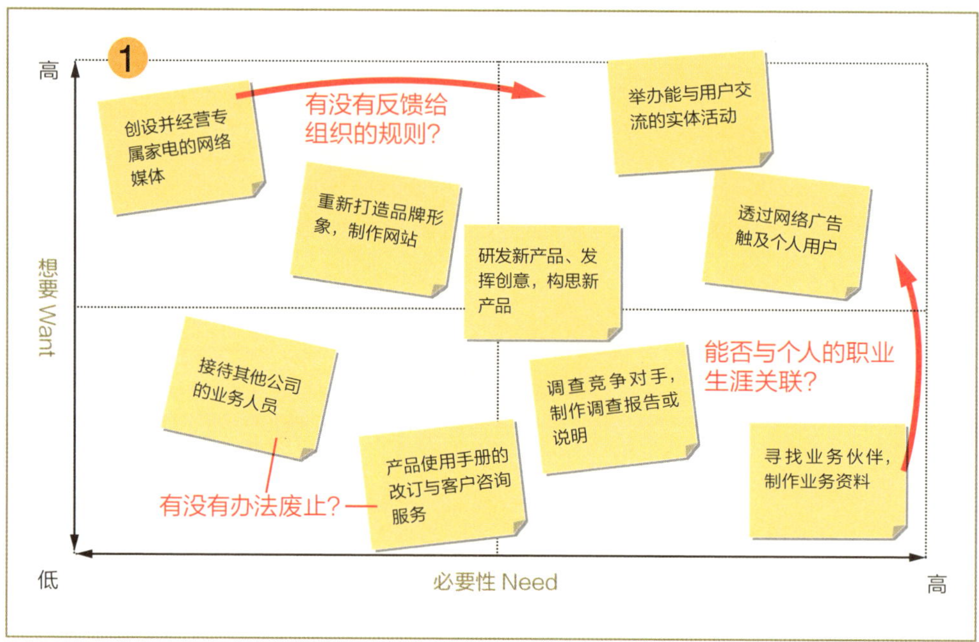

基本概要

“Need / Want 矩阵”以“need（对组织而言的必要性）”和“want（欲望）”为两轴组成，是帮助我们反思业务内容的框架。

“Need”轴是根据组织的“任务、愿景、价值”（请参照→56）及其策略与战术，对某项业务之贡献度与重要性所做出的评价。“Want”轴则是用于显示某项业务对成员个人的重要性。重点在于确认成员个人是否拥有长期职业规划或目标，以及其负责的业务是否具有意义。

分别反思某项业务对组织及个人而言的重要性，便能整合组织与个人努力的方向。

使用方法

准备 [列出业务] 写下目前的业务项目。

1 [用矩阵整理] 将业务填入以下四个象限里，加以分类，并针对每一项业务思考未来的方针。

需要（高）× 想要（高）	与组织想达成的愿景或目标吻合，且在个人的职业生涯规划上也有助益的重要业务。越能集中资源在这个象限的业务上，组织就会越强盛
需要（低）× 想要（高）	属于兴趣范畴的业务项目会被归类于此象限。虽然动机强烈，但以组织的立场而言持续性不足，有必要调整比例，或想办法提升该业务对组织整体的贡献
需要（高）× 想要（低）	属于义务性的业务项目会被归类于此象限。假如只为了达成组织目标而增加此类业务的比例，将会导致成员不断累积疲劳，请特别留意
需要（低）× 想要（低）	对组织和个人而言收获都很少的象限。请思考能不能省略或简化此业务项目

促进思考的提问

- 你在工作上最重视的是什么？
- 你为业务赋予的意义是否能改变？
- 你是否有个人的职业规划？
- 你现在最应该做的是什么？

CHECK POINT

- ☐ 已掌握每一项业务在心理上的定位
- ☐ 已针对个人较无意愿进行的业务项目找出执行的意义
- ☐ 组织拥有尊重个人意愿的体制

STEP 2

提升成员之间的关系

理解彼此的特色，打造互相支援的关系

我在上一个步骤已经提过，了解每位成员，对组织运作很重要。在这个步骤里，我将介绍有助于促进成员互相理解、改善人际关系的框架。

理解每个人的认知都不同

想要打造一个能让人放心、有安全感的职场，最重要的是打造能被他人理解的环境。在自己的发言无法获得认同，或意见总是遭全盘否定的环境里，是没人敢发言的。此外，加深成员之间的相互理解，也有助于减少因人际关系而产生的问题。

加深成员之间互相理解的第一步，就是理解每个人的认知都不一样。

就算听见同一句话，每个人的想象也都不同；就算看见同一件东西，每个人的感受也都不同——人类本来就如此。双方认知不同时即会如此，例如试图缓解气氛的发言，反而可能令人觉得受到冒犯；出于关怀的行为，反而造成对方的心理负担，等等。主管和下属的想法不同是很正常的，就连负责相同业务的同事，也可能因所处情境或过去的经验不同，有不同的感受。

因此我们不能只看表面上的行为举止，而是必须确认对方真正的意思，努力调整自己的认知。一旦疏于注意，彼此的关系就可能开始扭曲，等察觉时往往已经无法挽回。请务必抱着认知一定会有落差的心理，展现出愿意协调的态度，更要以打造一个能够协调的组织为目标。这么一来，便能使成员之间的关系更紧密，使组织更强大。

不只纵向关系，横向关系也必须兼顾

在讨论关系的类型时，一般可分成纵向与横向两种。纵向关系是常进行指示、评价的主管与其下属之间的关系，横向关系则是指同事之间等地位相同者之间的关系。

执行业务时，纵向关系固然重要，但如果只有纵向关系，有时会令人喘不过气。相反地，横向关系虽然能让彼此沟通不受拘束，但却不一定能解决工作上的烦恼。

其实，最重要的是斜向关系。斜向关系是既能像横向关系一样轻松沟通，又能获得建议的关系，例如其他部门的前辈或已毕业的学长等。

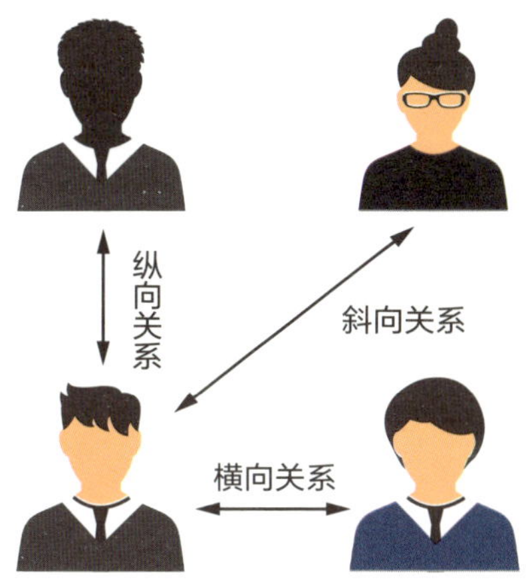

纵向、横向、斜向关系都是必要的，每位成员在遇到烦恼或困扰时，都应该有适合的对象可以商量。尤其是新进员工或年轻成员，若只有纵向关系，心理很容易被压垮，所以许多企业采用导师制度（mentor），确保斜向关系。此外，举办个别面谈或内部交流会等活动以打造横向与斜向关系，也是组织运营上的重要活动。

请将强化横向、斜向等多样化的关系与促进彼此理解放在心上，善加运用这个步骤介绍的各种框架。

59 周哈里窗

加深成员间的理解

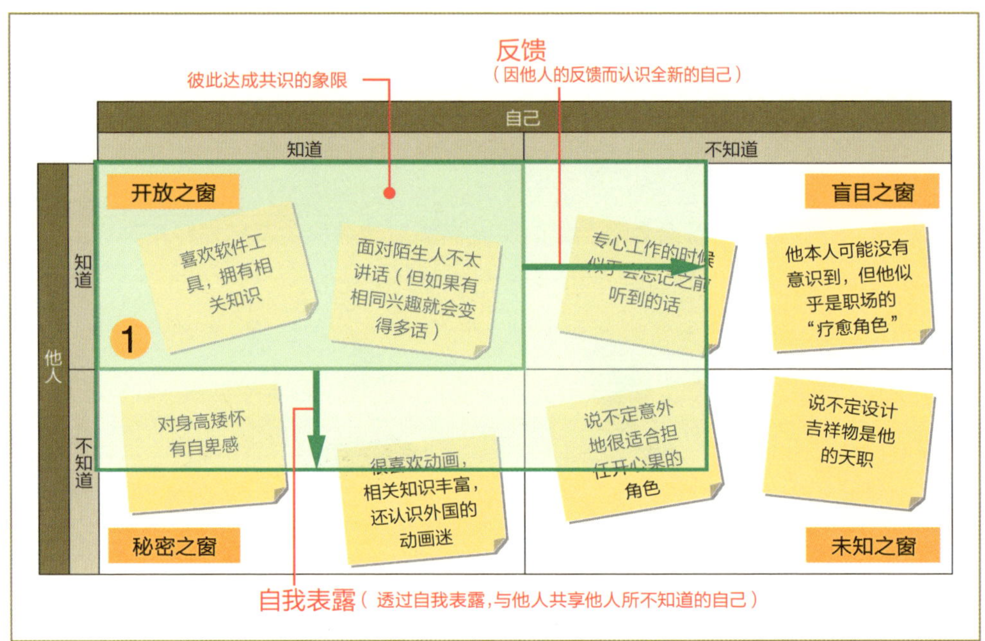

基本概要

“周哈里窗（Johari Window）”是通过以“自己知道或不知道的事”“他人知道或不知道的事”作为两个轴组成的矩阵，来加深对自己或对他人理解的方法。分析过程中，我们会将四个象限，也就是“开放之窗”“秘密之窗”“盲目之窗”与“未知之窗”加以可视化。“逐一打开每一扇窗”时，我们必须进行自我表露，同时必须得到他人的反馈。这个过程能促进人与人相互理解，使组织更为团结。

周哈里窗的概念有各种不同形态的应用，这里介绍的是借由组成工作组来增进成员彼此理解的方法。请抱着表露自己的勇气与虚心接受他人反馈的态度，试着使用它。

使用方法

准备① [反思自我] 分成两人一组，准备反馈表（如右图）。首先请反思自我。右图中，栏位设定为“人物形象”“强项”“弱项”“擅长”“不擅长”等。在这个阶段，请尽量抱着自我表露的态度填写。

姓名	眼中的	姓名

人物形象	
强项	
弱项	
擅长	
不擅长	

准备② [反思他人] 准备一张新的反馈表，写下对同组伙伴的客观认知。在“人物形象”栏位，请填入个性、口头禅、像哪个漫画角色等外人可见的信息。

1 [分类至矩阵中] 与同组伙伴分享针对自己与对方所写的表单。请针对彼此认知不同之处提问或反馈，并通过主动自我表露，加深对彼此的理解，最后将彼此的发现分类至矩阵中。

促进思考的提问

Q. 你能用文字表达出自己是个怎样的人吗?

Q. 你对伙伴的了解有多少?

Q. 你有感到自卑的地方吗?

Q. 与对方互相理解的点有哪些?

CHECK POINT

- ☑ 已营造一个让成员都能大方自我表露的环境
- ☑ 自我表露的范围比使用周哈里窗之前大
- ☑ 成员之间的联结增加了

60 认知 / 行动循环

改善成员之间的关系

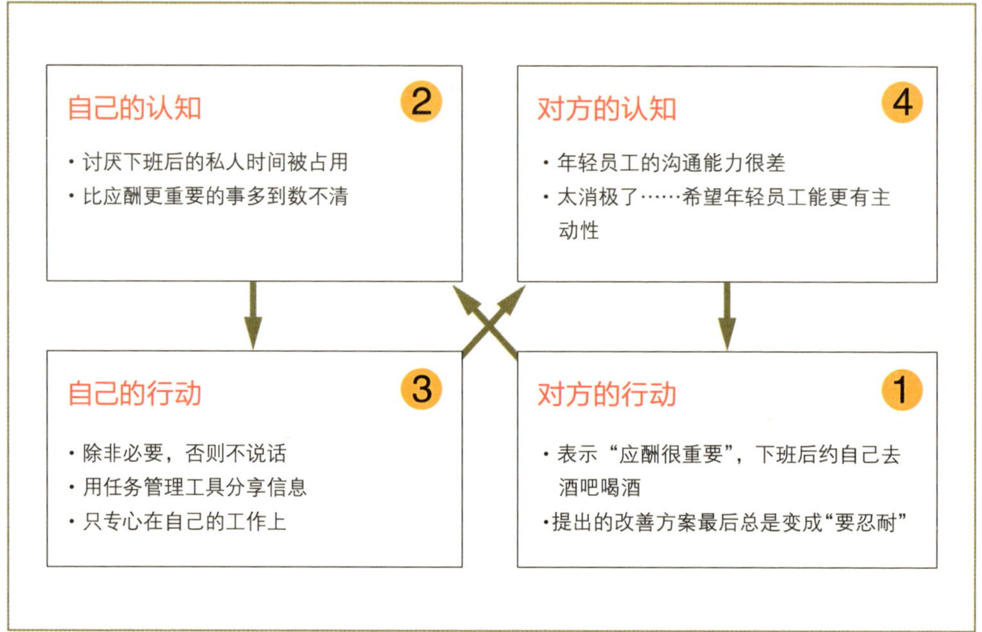

基本概要

把沟通过程中彼此的“认知”与“行动”加以拆解，使双方的差异视觉化，以改善彼此关系的框架，就是“认知 / 行动循环”。此框架的重点在于厘清沟通中自己尚未掌握的部分。

例如，我们虽然可以掌握对方表现出来的行动，但无法全盘掌握其背后的情绪、身处的状况。此外，我们虽然无法掌握自己下意识说出的言语或显露出的态度，却可能传达了一些讯息给对方。其实就连自己的认知和想法，都会受情绪或状况影响，难以确实掌握。将彼此看不见的因素视觉化，便能一步一步解决问题。

使用方法

1 ［列出对方的行动］设定一名想要改善关系的对象，写下对方令你不满或有问题的举动。请具体地写下对方说过的话或做过的行为。

2 ［列出自己的认知］写下自己对于对方的举动有什么认知、抱有怎样的情绪。

3 ［列出自己的行动］写下自己因为2而采取的发言、举动与态度。

4 ［列出对方的认知］请想象对方对3有什么认知、抱有怎样的情绪，并写下来。请一并思考对方的认知与行动有没有关联。

5 ［与对方分享并进行对话］将写下的内容与对方分享。以改善彼此关系为前提，向对方说明自己的感受，而非指责对方。请先为自己不好的地方道歉，再厘清彼此认知上的差异或误会，一同讨论，为未来的合作提出建设性意见。

促进思考的提问

Q. 是什么理由促成对方的行动？

Q. 对方是否对每个人都采取一样的态度？

Q. 你的人际关系问题是否都属于相同类型？

Q. 能否将情绪与事情分开思考？

CHECK POINT

- ☑ 已抛弃“都是对方不好”的想法，接受自己也有不对之处
- ☑ 分享彼此的认知与行动后，已弥补彼此在认知上的差异
- ☑ 已找出为了增进彼此关系而应改善的地方并做出改善方案

61 Want / Commitment

促进彼此的合作

Want （期待）	Commitment （自己可做出的贡献）
1 · 想学习公关宣传的方法和流程 · 想知道怎么写新闻稿 · 想成为能替伙伴们加油打气的角色 · 想知道该怎么跟新同事谈严肃的事	2 · 会架设网站和写 app · 擅长主持会议 · 能设计项目的管理方法并提案 · 喜欢和人说话，因此常常做策划、举办联谊会

基本概要

“Want / Commitment”是通过分享个人对团队或组织的期待（want）与可做出的贡献（commitment），促进成员彼此合作的框架。除了用于成员彼此不认识的新团队，也可用于既有的组织。

运用在既有组织时，除了平常一同执行业务的伙伴，如果也同时将 Want / Commitment 分享给平常少有交集的其他部门同事，或许就能得到解决问题的新提示。请试着让各种成员来运用这个框架，重点是站在“自己能为他人做出什么贡献”的观点来思考。

使用方法

1 [列出 want] 每个人准备一张表单，在空格中填入自己在团队、组织或活动中的期待、想获得的事物或协助等。若能一并写下简单的诉求或自己不擅长的地方，或许可帮助其他人灵活运用他们的擅长之处。

2 [列出 commitment] 填入自己能为他人贡献的事物，包括自己拥有的资源、技术以及对伙伴的协助等。

3 [找出可以合作的要素] 将每个人的 Want / Commitment 与全员分享，参考贡献，思考该如何满足期待。此外，如果在这个阶段就有可轻易满足期待的贡献，就立刻排定计划，实际执行。

促进思考的提问

- Q. 经验和知识是否已与伙伴共享？
- Q. 身边的伙伴正在和什么奋战？
- Q. 你希望得到什么协助，好让自己发挥更多能力？
- Q. 如何让团队得到最丰硕的成果？

CHECK POINT

- ☑ 期待的数量没有比贡献多太多
- ☑ 已再度确认成员与团队各自拥有的资源
- ☑ 期待与贡献一致的项目已准备执行

PM 理论

培养不同类型的领导人才

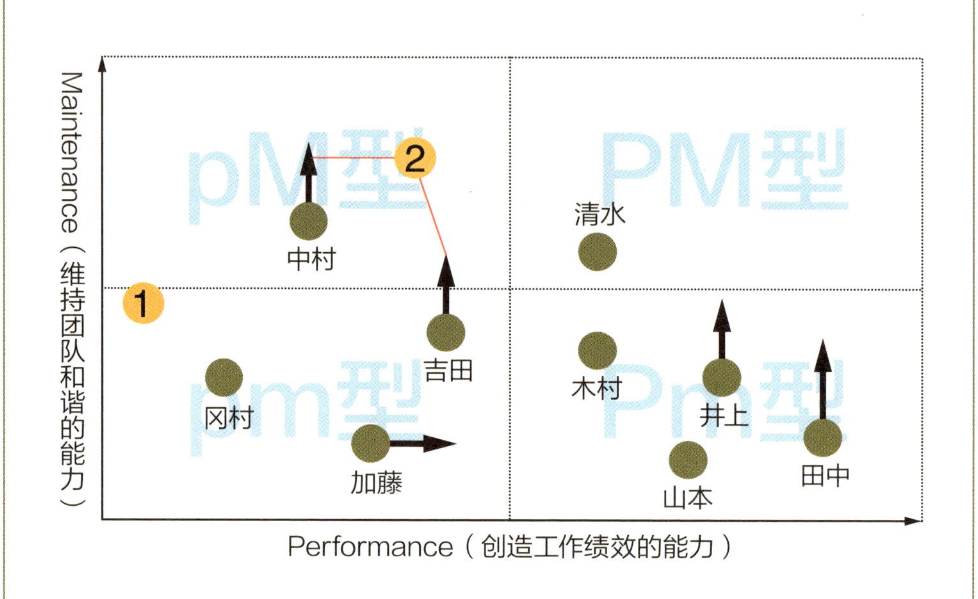

基本概要

“PM 理论”是思考该如何分类并培育领导人才的方法，它利用“performance function（创造工作绩效的能力）”与“maintenance function（维持团队和谐的能力）”两种能力的强弱，将成员的领导能力分为 PM 型、Pm 型、pM 型、pm 型四类（大写字母表示能力较强，小写字母表示能力较弱）。

创造工作绩效的能力（P）意指业务所需的专业技术或能力，也就是具体的业务执行能力；维持团队和谐的能力（M）则是指对人际关系或良好氛围有所贡献，可维持团队和谐、凝聚向心力的能力。最理想的团队，就是拥有许多 PM 型人才的团队。然而 PM 型人才可遇不可求，如何将 Pm 型或 pM 型人才培育成 PM 型，或利用互补方式编排团队，才是关键所在。

使用方法

1 [将成员配置于矩阵中] 思考每位成员创造工作绩效的能力（P）与维持团队和谐的能力（M），将人名填入矩阵。必须留意，成员的能力并非只由单独一人来评断，而应该由主管、属下、同事等一同进行多方面的评价。

2 [思考培育方针] 思考整个团队要采取什么样的培育方针，以及针对每位成员应该个别采取什么样的培育方针。左页范例中，成员大多属于 Pm 型人才，因此将培育重点放在 M 上，才能提升整体能力。

补充 掌握组织的特征

人才多偏 Pm 型的组织，虽然拥有创造业绩的能力，却往往因为一心追求结果而容易弹性疲乏。相反地，人才多偏 pM 型的组织，虽然成员之间关系融洽，却缺少冲业绩的干劲。请先掌握组织的特征，再思考针对各成员的培育策略。

促进思考的提问

Q. 领导能力的定义是什么?

Q. 自身公司所需要的领导人才是什么样的人?

Q. 你在执行什么业务时，会觉得自己具有领导能力?

Q. 哪些成员的组合所发挥的能力最大?

CHECK POINT

- ☑ 已掌握各成员的能力特色
- ☑ 已掌握组织整体的人才分配
- ☑ 已找出未来培育人才的方向和重点

第6章 管理组织

63 利害关系人分析

掌握组织的侧重，让经营管理更顺利

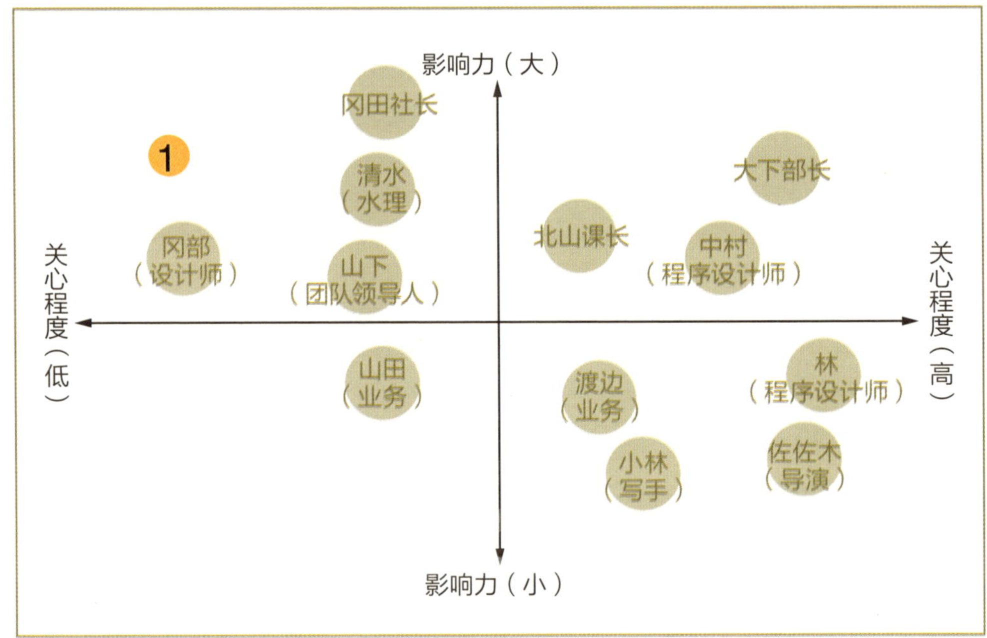

基本概要

即使策略或战术设计得很合理，“人”的问题总是难以如己所愿，尤其是拉人参与策划或活动，更是难上加难。这时我们可以利用的就是“利害关系人分析（Stakeholder）”。利害关系人就是会受到活动影响的人或组织等具有利害关系的人，包括经营者、各主管、股东、合作企业、客户、竞争对手、当地居民、行政单位等所有直接、间接相关的人。

在利害关系人分析中，我们会从利害关系人中挑出几个在进行活动时举足轻重的人物，思考应该如何接触他们。策划负责人、团队领导人等必须在执行活动的同时考虑个人感情与人际关系的人，请务必熟悉这个框架。

使用方法

准备 [列出利害关系人] 写下可能成为利害关系人的人物。

1 [配置于矩阵中] 思考利害关系人的影响力与关心程度，将人名配置在矩阵中。影响力表示该对象是否拥有裁决的权力、是否能指使他人做事，也就是影响力的大小。关心程度则是该对象的合作意愿有多高、对活动的理解有多少等。

2 [思考邀请方式] 思考如何接触对方，邀请对方参与自己的活动。这时，除了矩阵，也可以使用含有对方感兴趣的事物、需求等详细资料的列表来整理（如右图）。

No	姓名	影响力	关心程度	感兴趣的事物或需求	邀请内容

思考该如何接触对方

促进思考的提问

Q. 关键人物是谁?

Q. 目前的团队合作效率高吗?

Q. 持反对意见的成员，理由为何?

Q. 为达成目的，最恰当的人数是几人?

CHECK POINT

- ☑ 已制作利害关系人的资料
- ☑ 已明确掌握应该从哪儿开始接触
- ☑ 有愿意协助的成员（若无，则必须改善活动内容）

STEP 3

提升成员的动机

掌握影响动机的因素，思考对策

在这个步骤，我们要思考的是动机。在运营一个组织时，经常令人烦恼的就是“好想提高成员的动力”“不知道为什么缺乏动力”。接下来我将介绍一些有助于找出影响动机的因素、思考对策的框架。

影响动机的因素因人而异

动机是英文的“motivation”，又可以解释为“动力”“干劲”“意愿”等。拥有高度动机的组织，相较之下能够比较积极地执行业务，获得较丰硕的成果，也可提高工作产能。

对于组织经营管理者来说，掌握成员的动机并使其提升，是绝对必要的。话虽如此，影响动机的因素会因人或状况而异，因此难以将其制度化。不同年龄层的人，受影响的因素与价值观也有所不同。在这一步中，我会陆续介绍几个可将影响动机的因素可视化，并与他人共享的框架。

例如“双因素理论”，就是探讨什么因素会降低动机、什么因素能提升动机的方法。“Will / Skill 矩阵”，则是探讨干劲与技术的平衡，同时思考如何培育人员的方法。思考提升组织成员动机的策略时，请务必灵活运用。

马斯洛的需求层次理论

在思考影响动机的因素时，最有名的方法就是美国心理学家马斯洛（Abraham Maslow）的“需求层次理论”。

这个理论认为人的需求分为五种层次，最低的层次是人类生存所需的食物、睡眠等生理需求；其次是想过着安全无虞生活的安全需求，例如身心健康、经济稳定，皆属于此层次；接下来是寻求人际关系或感情的社会需求，和想得到他人认可、尊重的尊重需求；最高层次的需求，是提升自己的能力和地位，实现自我理想的自我实现需求。

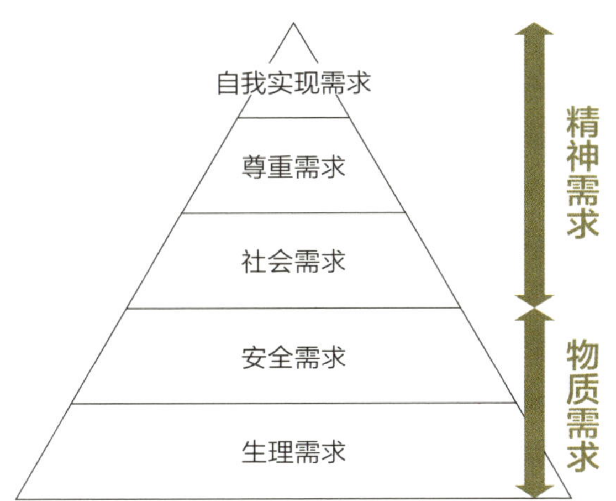

每一种层次所要求的事物与受到影响的因素都不同，因此思考组织运作或提升成员动机时，必须根据层次来打造环境与制定方针。

此外，底部的两个需求可以合称物质需求，上方的三个需求则可合称精神需求。在现代社会，每个人的物质需求几乎都能被满足，因此焦点大多放在如何满足精神需求上。请根据层次来思考课题与对策，例如前一步骤介绍的“促进成员互相理解”的方法，以及能打理好公司内外关系的架构、个别面谈、人事制度、评价制度、支持挑战制度、支援职业生涯规划等。

64 双因素理论

找出影响动机的因素

基本概要

在思考影响动机的因素时，将因素分为“因为被满足而使得动机提升”与“因为不被满足而使得动机降低”的方法，称为“双因素理论（Motivation-Hygiene Theory）”。前者称为“激励因素”，包括正面评价、成长、成就感等；后者称为“保健因素”，包括职场的人际关系、业务环境、薪资问题等。这个方法可以运用在找出导致动机低落的原因时，亦可运用在思考提升动机的方法时。

满足激励因素的策略与满足保健因素的策略不同，因此必须分别采取适合该策略的做法。此外，即使满足了激励因素，在保健因素尚未得到满足的状况下，组织仍无法发挥最高性能，因此必须同时改善两者。

使用方法

1 ［列出保健因素］写出保健因素。左页范例呈现没有设限也没有整理，由每位成员想到什么就写下什么的状态。如果还记得当时的场景，建议可以将整个小故事写出来，便能与他人分享具体的场景。另外，在牵涉到人际关系时，请确认全员都达成共识这并不是在攻击他人，请务必打造一个能让成员安心书写的环境。

2 ［列出激励因素］写出激励因素。请回想自己过去特别有干劲的场景，写下动机提升的原因。

3 ［整理并思考未来方针］思考今后的对策与方针，以去除阻碍动机的因素，同时更加活化提升动机的因素。假如伙伴的动机是因为自己过去没发现的事而提高或降低，那么日后就必须特别注意。请将在此搜集的资料运用在教育课程的设计或业务环境的打造上。

促进思考的提问

- 一周之内，动机较高的时间大约有多久？
- 动机是什么？
- 不同年代的成员间是否有差异？
- 是否可能维持高度动机？

- ☑ 列出的因素够具体，可以想象场景（容易构思对策）
- ☑ 已经弥补成员之间认知的差异
- ☑ 已想出可行的改善方案

65 Will / Skill 矩阵

思考适合各成员的培育方针

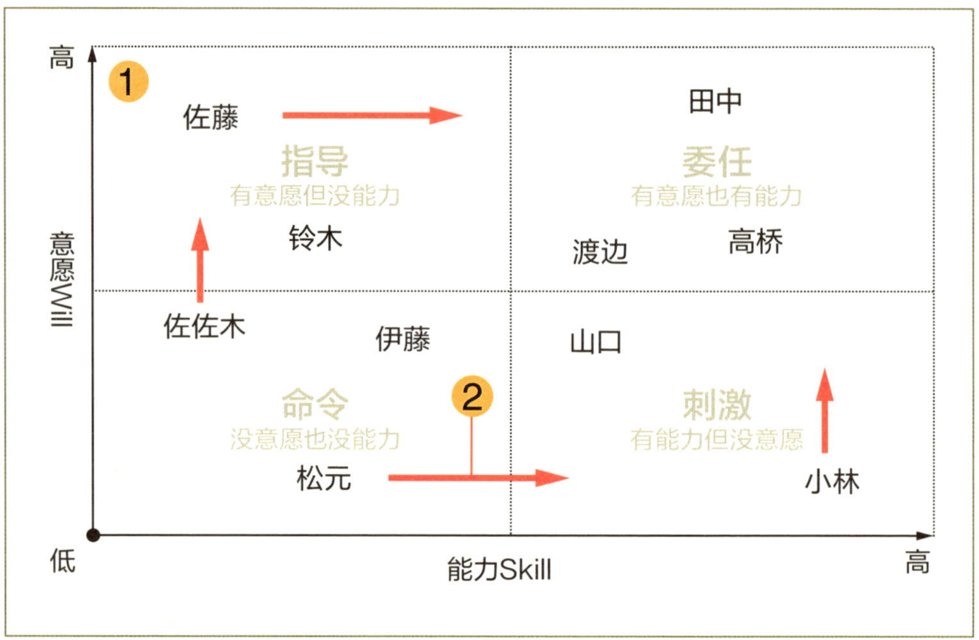

基本概要

培育人才时，假如针对所有成员进行同样的教育训练，是难以成功的。思考适合每个人的方法，是培育人才的基本概念。配合“will（个人的意愿）”与“skill（能力）”来思考培育方针的框架，就是“Will / Skill 矩阵”。矩阵中会依照意愿和能力的比例，分成委任、指导、刺激、命令四种作用方式。

必须留意的是有关意愿的判断。能力通常可以通过定量数据掌握，但意愿却有其难处。有时表面上看起来有意愿，实际上却不一定真的有，因此必须反复进行观察与对话，贴近每个人的心情、想法和感情来思考。

使用方法

1 [整理各成员的状况] 在以“意愿”和“能力”为轴的矩阵中，整理各成员的状况。

2 [思考培育方针] 针对各成员，思考应采取怎样的培育方法。请先掌握四个象限的特征，再仔细构思对每个人采取的方法。

补充 **各象限的对应方法**

左页右上的象限代表有意愿也有能力，请将某种程度的权限与业务委任给归类在这个象限的成员。有意愿但没能力的成员，需要适当的指导来帮助他突破瓶颈。针对有能力但没意愿的成员，请想办法提升他的动机，给予“刺激”。而对于没意愿也没有能力的成员，请先用命令的方式强迫他执行业务，使其拥有获得成果的体验，再提升他的意愿，鼓励他学习技能。

促进思考的提问

- Q. 有意愿的成员所面临的障碍是什么?
- Q. 意愿提高（或降低）的因素是什么?
- Q. 有没有能让成员互相刺激的制度?
- Q. 该如何刺激没意愿的成员?

CHECK POINT

- ☑ 有评价意愿和能力高低的标准
- ☑ 每个成员的意愿和能力的高低皆已可视化
- ☑ 已将权限适度委任给有意愿也有能力的成员

66 GROW 模型

通过支援目标的达成，提升成员的干劲

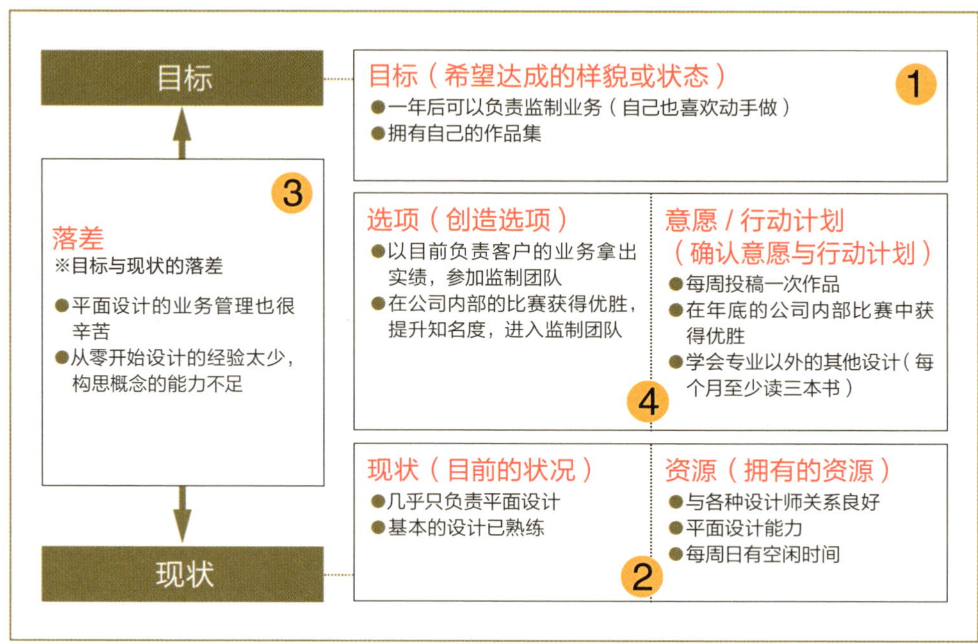

基本概要

“GROW 模型”是可帮助成员达成目标的框架，经常用于进行指导时。此框架以“goal（设定目标）”“reality（掌握现状）”“resource（发现资源）”“options（创造选项）”“will（确认意愿）”构成，使用时必须一边倾听，一边利用适当的问题引导成员表达意愿或想法。通过明确指出目标和目前应该做的事，便能提升执行每日业务的动机。

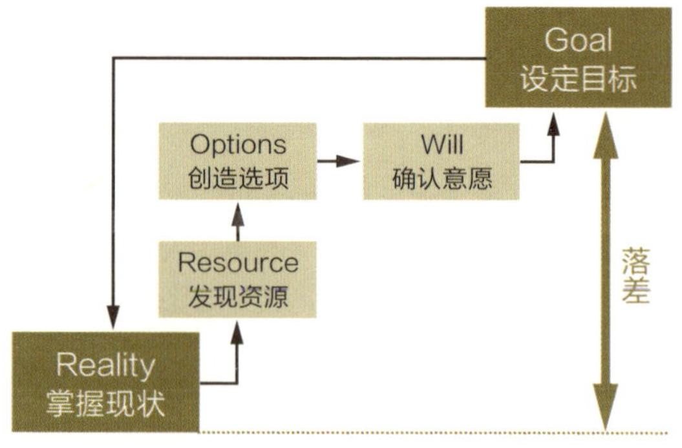

使用方法

1 [思考目标] 针对想解决的问题或想达成的业务项目，设定目标。请设身处地，写出理想中的状态或数值等目标。

2 [掌握现状，发现资源] 写出目前的状况，加以整理。请一并写下自己拥有的资源（人、物、钱、知识、技能等）。

3 [写出落差] 填入现状与目标的落差。请整理出为了达成目标必须做的事和可能会遇到的阻碍。

4 [确认选项与意愿] 不设限尽情写下有助于达成目标的选项（方法），不必考虑可行性或性价比。接着请针对每个选项确认是否执行、有没有意愿等，设定执行的顺序或日期。若能设定达成目标前的阶段性目标和失败时的补救措施，就更理想了。

促进思考的提问

- 成长必备的要素是什么？
- 设定的目标是否具体？
- 能否着眼于现有的资源，而非欠缺的资源？
- 什么样的人愿意提供协助？

CHECK POINT

- ☑ 已设身处地设定具有挑战性的目标
- ☑ 已掌握目标与现状的差距
- ☑ 已设定完成目标前的阶段性目标（里程碑）

专栏 开会前先制定基本规范

相信各位应该有机会在会议或面谈中运用本书介绍的框架。为了将会议打造成能让人安心发言的地方，可事先制定基本规范。

设定基本规范

基本规范（Ground Rules）就是举行会议、面谈或组成工作组时，为了得到丰硕成果而设定的规则。要让会议顺利进行，有时会事先设定规则，有时也会在会议一开始时由与会成员共同决定。设定基本规范时，必须避免被声量较大的人（发言能力强或拥有权限的人）牵着走，以免使内容偏颇，或过度否定他人，或其他与会者无法畅所欲言。

下面是以“打造能安心说话的环境”为目的，在会议、面谈时适用的基本规范范例，欢迎你制定规则时参考。

＜基本规范范例＞

- 接受并享受差异。
- 互相支持发言与行动。
- 欢迎失败。
- 不全盘否定（若要否定一部分，请提出替代方案）。
- 不放弃表达意见。

传达与共享

传达资讯

掌握策划书与简报的基本要素，正确传达

从第 1 章到第 6 章，我已经介绍许多发现问题与课题、构思策略，以及可应用在组织运作的概念和方法。在第 7 章，我将补充将上述内容分享给他人的方法。其中也包含与其说是框架，倒不如说比较接近模板的范本，请在使用框架前后多加利用。

将信息传达给他人（对象、内容、方法）

本书介绍的框架，基本上在分析调查、构思策略等搜集信息、整理想法的场合中皆有帮助。想在职场上活用这些框架，就必须将自己思考的内容告知对方，促进对方的行动，或将信息传达给社会或客户。具体方法包括策划书、提案、报告书、会议数据、简报等。

在表达自己的想法时，请将 6W2H 放在心上，以确保内容更明确。

此外，也必须站在对方的立场思考，例如避免使用专业术语、留意内容的顺序等。在制作数据或进行简报，也就是与人分享、传达想法时，下列三点尤其重要，请务必留意。

●对象

是面向主管、项目团队的成员还是客户，请先厘清要和谁共享信息。

●内容

请明确传达要分享的内容，例如改善提案、合作委托、报告等。

●想促使对方进行什么行动

是希望得到对方的同意，还是希望对方改变流程，抑或是希望对方签约……请确认在分享信息后，最终希望对方采取什么行动。

策划书是解决问题的设计图

策划书是信息共享时使用的数据中，相当具代表性的一项。策划就是解决问题的方法，而策划书就是将此方法以书面方式呈现的产物。换言之，也就是解决问题的设计图。策划书包括事业策划书、产品策划书、业务策划书、促销策划书等，可应用于各种场合。

然而假如将“制作策划书”本身视为目的，就本末倒置了。当多名成员合作进行某项工作时，必须先达成共识，确认共同语言，而策划书正是必要的媒介。实际撰写策划书时，请留意下列重点。

<策划书的基本构成要素>

封面	记载策划的内容（标题）
前言	提出这个策划的背景、想法等
目录	资料页数多时制作
问题与课题	提出比较理想与现实后发现的问题与课题
调查结果	将问题、课题可视化的定量资料或调查结果
本策划的目标	解决方案、策略的方向制订与重点
事业结构	流程、商业模式、实施体制
行动方案	打算对市场投入的行动
工具策划	执行行动时所需的工具和需要制作的事物
时间表	实施策划的排期、步骤与长期的路线图等
工程表	整理出执行策划时所需业务项目与负责人
预算计划	概算收支与预算
总结	回顾重点，长期性的未来展望等
参考数据	成功范例与统计数据等参考信息

请参考上表选择需要的项目，并根据策划内容补充，整理出一份策划书。“产品策划书”与“活动策划书”会在后文详述，敬请参考。此外，进行简报时，也应思考如何用口头传达上述要点。

67 产品策划书

将产品策划的要点书面化并共享

目标客户群 边抚养小孩，边辛勤工作的 40 ～ 49 岁女性	产品草图  	
概念 肠道和皮肤都很清爽的简单健康饮料		
诉求重点 可让血糖快速上升，立刻拥有饱腹感，因此具有减重效果。对于提升免疫力及解决失眠问题也很有帮助	产品 名称：水果沙冰 每包 200ml。 有原味、草莓、综合莓果、奇异果、玄米等口味	价格 380 日元（原味） 400 日元（玄米） 450 日元（水果系列）
策略性的目的/目标 希望获得核心忠实客群与愿意提供反馈的客户。首先限定针对具影响力且愿意定期购买的人销售	渠道 活动现场销售与电商平台销售（以电商平台为主）。初期仅限定期送货上门	促销 推出有名额限制的定期送货上门尝鲜优惠方案。定期举办工作坊，打响知名度

基本概要

有时我们可能必须将在第 1 章至第 4 章思考的创意内容写成新商品、服务的策划，这时有助整理、分享基本数据的工具，就是“产品策划书”。通过它，我们便能在兼顾目标客户群和产品定位等营销策略的状况下，设计产品。

需要特别留意的，就是“不单是策划好产品，还必须同步思考该如何推广”的概念。近年来有许多产品，在策划阶段就已经设计好上市后要如何扩大销路，例如：“设计外观时考虑在 IG（internet gateway，互联网个人门户）上是否吸引人”“在包装上印主题标签”等。上面的范例是在思考产品策划初期阶段使用的单页策划书。

使用方法

1 [统合整理概要] 整理产品策划书的骨干，也就是基本内容。将目标客群、概念、诉求重点、策略性的目的 / 目标整理在左半边，再将能满足这些项目的创意填入右半边。产品草图栏位，请填入创意草图或示意照，以及样品信息等内容。右下角则按照产品、价格、渠道、促销（4P 分析，请参照→ 18 ）的基本方针来进行设计。

2 [深入探讨] 将 1 的内容与伙伴（主管或客户等）分享。等进入正式制作策划书的阶段后，便可深入探讨各个项目，制成资料。深入探讨 1 的各项目，再参考本章一开始介绍的“策划书的基本构成要素”，补足必要的项目，将信息具体化。若想运用“4P 分析”或“STP”（请参照→ 35 ）等第 2 章与第 4 章的框架，可以将那些信息一并整理进资料中。

促进思考的提问

Q. 做产品策划时，目标对象是谁?

Q. 是新客户还是老客户? 具有什么样的属性?

Q. 自身公司是什么风格?

Q. 提供给客户的价值是什么?

CHECK POINT

- ☑ 此产品设计能解决现有产品的课题
- ☑ 此产品设计与营销策略同步（确认“4P 分析”与“STP”：请参照→ 18 、35 ）

68 活动策划书

将活动策划的要点制成书面文件并共享

①

目标客群	23～29 岁现有客户及其友人 （对美妆有兴趣，但不是很外向，对尝试化妆感到害羞的女性。）
概念	体验变身的期待感 （通过向彩妆专家学习简易的化妆技巧，体验变身为与平常不同的自己。）
目的	打造形成推荐接龙的节奏 （由于使用美容美体服务的门槛较高，因此设计一个能和朋友一起体验的单次活动。持续对参加者发送讯息，希望参加者能更进一步体验美容美体。）
目标	来店频率最高的前100位客户中，有8位能参加。其中 4 位能每人邀请 1 位亲友来参加。 →获得 4 名潜在新客户 / 次

活动概要

●活动类型：初学者的彩妆课

●活动日期：2018 年 01 月 27 日（六）
●预计参加人数：12 人
●入场费：1000 日元（含税）

●时间分配草案
09 : 40 ～ 开始报到
10 : 00 ～开场、讲师介绍
10 : 10 ～ 基础彩妆知识讲解
10 : 50 ～ 彩妆练习时间
11 : 30 ～ 问卷调查
11 : 45 ～ 闭幕（宣传）
12 : 00 ～ 解散
13 : 00 ～ 恢复正常营业

●讲师
△△股份有限公司代表
XXX
XXX老师

●示意照片

●会场平面图

基本概要

这里所说的活动特指营销活动，包括体验会、展示会、说明会、特卖会、讲座、演唱会等，无论规模大小、实体或网络，各种形式都包含在内。活动的优点，在于可以用不同于以往的形式与客户进行沟通。此外，有时也会需要策划公司内部的读书会等活动。

在策划活动时，最重要的是设定该活动实施的目的，比如打响知名度、搜集数据、贩卖产品等。此外，目标客群的属性也必须厘清。上面的范例是在思考活动策划初期阶段使用的单页策划书。

使用方法

1 [统合整理概要] 思考目标客群、概念、目的、目标、活动概要。

2 [深入探讨] 将1的内容与此策划相关的成员分享。等进入正式制作策划书的阶段后，便可深入探讨各个项目，制成资料。深入探讨1的各项目，再参考本章一开始介绍的“策划书的基本构成要素”，补足必要的项目，将信息具体化。此外，亦可视活动目的或内容，思考下列要素。

年历	可掌握全年活动计划的行事历（若为持续性活动）
赞助	整理赞助或广告的募集概要
会场图	若需掌握会场环境，请准备会场平面图或照片
销售资料	若需当场销售产品，请准备产品与目标等资料

促进思考的提问

Q. 你曾举办或参加过哪些活动?

Q. 举办活动的目的是什么?

Q. “好活动”有哪些条件?

Q. 活动是否依照主要策略设计?

CHECK POINT

- 活动的目标明确（确认“SMART”：请参照→45）
- 目标客群与体验流程皆已设想妥善（运用“人物画像”或“客户体验旅程图”：请参照→15、17）

PREP

使结论明确、内容有组织

	欲传达的内容
① 结论 Point	为了提高产能，应该引进电子操作手册
② 理由 Reason	目前使用的是纸质操作手册，但由于没有好好维护而出现问题。此外，制作与管理业务都需要人力成本
③ 具体范例 Example	餐厅的料理制作标准流程每个月都必须配合菜单更新，因此制作、印刷和发放都很麻烦。如果改成 app，就能降低成本，又可迅速更新、传送
④ 结论 Point	用电子档案来管理操作手册很方便。为了提高产能，应该引进电子操作手册 →介绍导览手册、试算费用

基本概要

“PREP”是经常被运用在简报或撰文时的框架，可帮助我们思考具有逻辑与说服力的结构。此框架由“point（结论）”“reason（理由）”“example（具体范例）”“point（结论）”四个步骤构成。

在准备不足的状况下进行简报时，往往会杂乱地列举自己想说的东西，应该传达的内容也变得模糊。为了让对方愿意聆听并理解内容，简报时必须整理要点，简明扼要地传达。PREP 首先提出结论，因此可让重点变得明确；接着加入理由和具体范例，让对方产生认同；最后再用结论进行总结。通过此框架，我们可以思考出简洁又具说服力的内容架构。

使用方法

1 [思考结论] 首先整理结论。厘清想传达的内容重点，最重要的是简洁地传达给对方。尤其是面对繁忙的人做简报时，如果没能让对方一开始就产生兴趣，接下来的内容他可能就不听了。关键在于一开始就传达对方可以获得的好处。

2 [思考理由] 整理主张1结论的理由。请使用“原因分析”（请参照→03）或使用逻辑树状图（请参照→05），整理出理由和根据。

3 [思考具体范例] 利用具体案例或资料，补充导出结论的理由。通过想象现场状况凝聚共识，同时提出实际数字，便能使伙伴深有同感并理解。

4 [思考结论] 最后重申一次结论。如果目的是希望对方采取行动，请简明扼要说明该行动的内容和促成行动的方法。

促进思考的提问

Q. 自己和简报能力强的人的差别是什么？

Q. 你最想传达的是什么？

Q. 你是否想过自己为什么最想传达这一点？

Q. 可能让对方感到阻碍的是什么？

CHECK POINT

- ☑ 想传达的内容整体概要与要点皆已整合
- ☑ 已准备好充分的资料，随时可补充理由或案例
- ☑ 整理好的内容很吸引人（使用“SUCCESs”评估：请参照→30）

70 TAPS

根据理想与现实的差距来组织想传达的内容

	欲传达的内容
1 理想状况 To be	将公司搜集的500家公司资料运用于营销活动，使客户成为常客，并愿意介绍新客户
2 现状 As is	拥有过去曾使用本公司服务的500 家公司的数据，却只是搁置在那儿
3 问题 Problem	没有培养客户的概念，欠缺长期性的营销架构。因为业务能力强，带来丰硕的成果，所以缺乏对营销的理解
4 解决方案 Solution	设计容易重复使用的产品，利用电子邮件和DM 定期寄送营销信息。为此，必须引进客户数据管理系统

基本概要

“TAPS”是以理想和现实之间的落差为出发点，思考简报内容架构的框架，也可以说是以“As is / To be”（请参照→ 01 ）为主轴，设计简报内容的手法。由于简报的内容是以对方的问题为出发点，因此很容易让对方设身处地思考，简报也会更具说服力。

大致而言，简报的顺序是：首先让对方理解理想与现实之间的差距，接着再论述解决问题的方法。关键在于是否能准确击中对方心中的理想与问题点。如果能指出连对方自己都还没厘清的问题原因所在，并有逻辑地传达，必定能提升对方的认同感，使对方更有意愿采取实际行动。

使用方法

1 [思考对方的期待] 写出简报对象的理想。必须先明确掌握简报对象是谁，再写下对方期待的状态或成果。

2 [整理现状] 写下为了达成理想，现状为何。

3 [整理问题] 整理理想与现实的差距（问题）。请列出问题的内容、具体案例和原因，确实加以整理，让对方明白理想为什么无法达成。

补充 有助进行步骤1～3的框架

可利用“As is / To be”来仔细整理步骤1～3。若想深入探讨问题，则可使用“原因分析”（请参照→ 03）。

4 [思考解决方案] 针对自己设定的问题，整理出有哪些解决方案存在。最后请简明扼要地传达希望对方采取的行动内容与方法。

促进思考的提问

Q. 对方是否真的抱有这份理想?

Q. 问题设定是否具体?

Q. 对方是否已经想过同样的事?

Q. 能否想出三种解决方案?

CHECK POINT

- ☐ 已确切找出问题（请参照第 1 章）
- ☐ 已整理出最想解决的问题
- ☐ 解决方案具可行性，且是对方能列入考虑范围的

框架应用 MAP

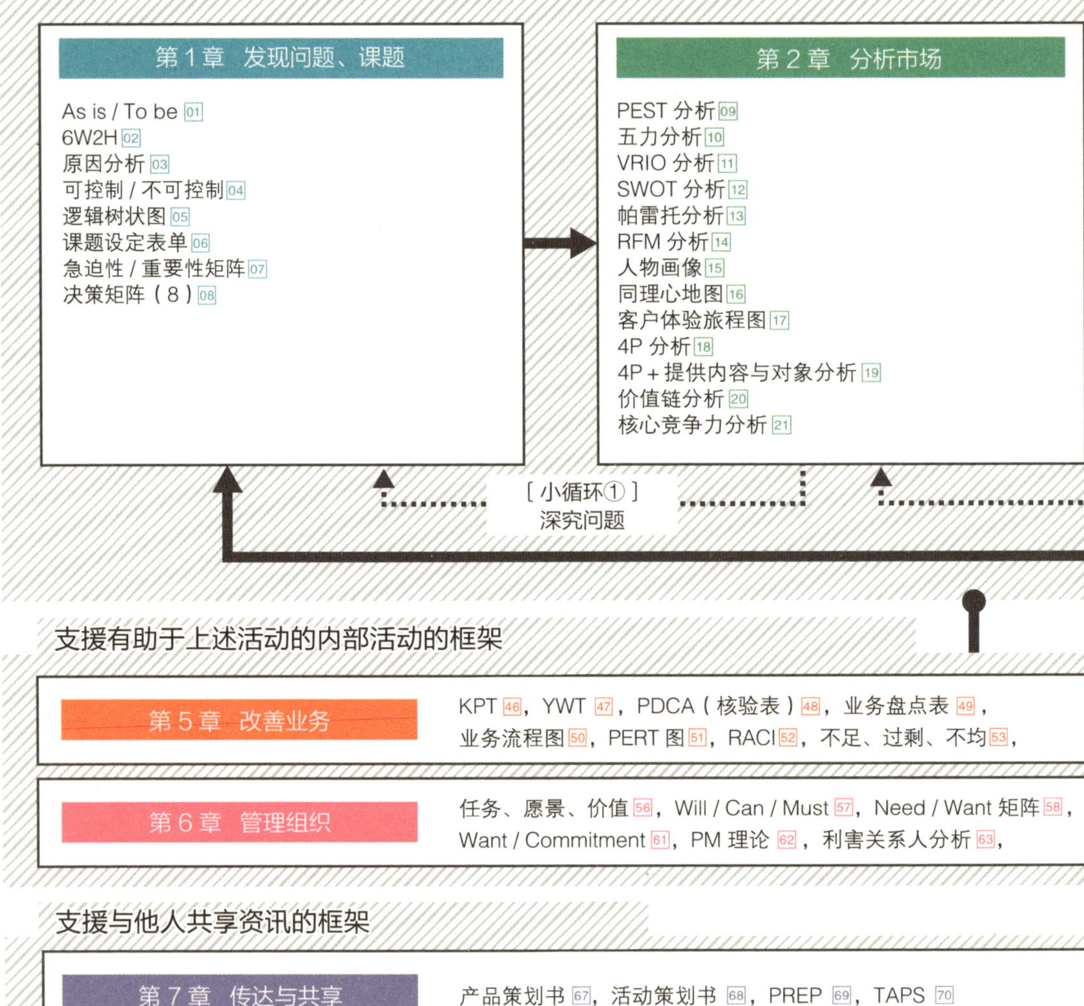

支持与价值提供、问题解决相关之直接活动的框架
第 1 章　发现问题、课题
As is / To be 01
6W2H 02
原因分析 03
可控制 / 不可控制 04
逻辑树状图 05
课题设定表单 06
急迫性 / 重要性矩阵 07
决策矩阵（8）08
第 2 章　分析市场
PEST 分析 09
五力分析 10
VRIO 分析 11
SWOT 分析 12
帕雷托分析 13
RFM 分析 14
人物画像 15
同理心地图 16
客户体验旅程图 17
4P 分析 18
4P + 提供内容与对象分析 19
价值链分析 20
核心竞争力分析 21
［小循环①］
深究问题
支援有助于上述活动的内部活动的框架
第 5 章　改善业务
KPT 46，YWT 47，PDCA（核验表）48，业务盘点表 49，
业务流程图 50，PERT 图 51，RACI 52，不足、过剩、不均 53，
第 6 章　管理组织
任务、愿景、价值 56，Will / Can / Must 57，Need / Want 矩阵 58，
Want / Commitment 61，PM 理论 62，利害关系人分析 63，
支援与他人共享资讯的框架
第 7 章　传达与共享
产品策划书 67，活动策划书 68，PREP 69，TAPS 70

第 1 章到第 4 章介绍的框架皆对与解决问题直接相关的活动有所帮助。第 5 章与第 6 章介绍的框架能帮我们思考该如何支持上述活动。第 7 章则补充与他人分享信息的方法。

第 3 章　思索课题的解决方法

头脑风暴 22
曼陀罗九宫格 23
形态分析法 24
脚本图 25
奥斯本核验表 26
创意单 27
分镜图 28
优缺点表 29
SUCCESs 30
报酬矩阵 31

第 4 章　制订策略

产品组合矩阵 32
安索夫矩阵 33
交叉 SWOT 34
STP 35
定位图 36
商业模式图 37
架构图 38
AIDMA 39
甘特图 40
组织结构图 41
路线图 42
KPI 树状图 43
AARRR 44
SMART 45

［小循环②］拟定策略
※分析类的框架亦可运用于构思策略时（构思策略的框架亦可运用于分析）

［大循环］根据实践后的结果，继续解决下一个问题

ECRS 54，业务改善提案表 55

周哈里窗 59，认知 / 行动循环 60，
双因素理论 64，Will / Skill 矩阵 65，GROW 模型 66

图书在版编目（CIP）数据

商业框架图鉴 /日本AND株式会社著；周若珍译
. -- 海口：南海出版公司, 2021.10（2024.5重印）
ISBN 978-7-5442-9793-6

Ⅰ. ①商… Ⅱ. ①日… ②周… Ⅲ. ①商业模式—研究 Ⅳ. ①F71

中国版本图书馆CIP数据核字(2021)第154509号

著作权合同登记号 图字：30-2021-075
TITLE：［ビジネスフレームワーク図鑑（ISBN: 978-4-7981-5691-0）］
BY：[株式会社アンド]

SHANGYE KUANGJIA TUJIAN
商业框架图鉴

策划制作：北京书锦缘咨询有限公司
总 策 划：陈　庆
策　　划：肖文静

作　　者：日本AND株式会社
译　　者：周若珍
责任编辑：李凤君
排版设计：刘岩松
出版发行：南海出版公司 电话：（0898）66568511（出版）（0898）65350227（发行）
社　　址：海南省海口市海秀中路51号星华大厦五楼 邮编：570206
电子信箱：nhpublishing@163.com
经　　销：新华书店
印　　刷：昌昊伟业（天津）文化传媒有限公司
开　　本：787毫米×1092毫米　1/16
印　　张：13.5
字　　数：205千
版　　次：2021年10月第1版　2024年5月第3次印刷
书　　号：ISBN 978-7-5442-9793-6
定　　价：79.00元